WAC BUNKO

高級官僚・政治家・マスコミ

「文系バカ」が、日本をダメに

なれど〝数学バカ〟が国難を

髙橋洋一

WAC

はじめに――「ＡＩ型知的生活の方法」のすすめ

財務官僚時代、私は職場の異端児だった。財務省（当時は大蔵省）は、東京大学法学部出身者が支配する世界だ。だが、私は東大は東大でも理系の理学部数学科出身である。

数学科に進む学生には、奇人、変人や、社会性・協調性が足りない人が多いと言われるが、学生時代、私もその一人だった。一般社会でうまくやっていけるとは思っていなかったし、まして役人になることなど考えていなかった。数学の研究職を目指していたのだが、内々定していた就職先（統計数理研究所）に約束を反故《ほご》にされたため、まかりまちがって財務省に入ってしまった。

財務省は、話題づくりのために時々変わった経歴の人間を採っていた。「変人枠」と呼ばれており、その枠で私は入ったのだ。

一九八〇年に入省してみると、法学部出身の大蔵官僚たちとは、住む世界が違っていると感じた。彼らは非常にエリート意識が強く、「俺たちは日本の財政の専門家だ。国家を背負っているのだ」と豪語していた。しかし、私から見ると、彼らには財務官僚としての専門性がまったくなかった。

財務省というのは、英語で言えば「ミニストリー・オブ・ファイナンス」。それなのに、多くの文系出身の財務官僚が「ファイナンス（財政・金融・会計）」を理解しておらず、「ファイナンス」に不可欠の数理的思考はどうかなという感じだった。

財務省は、昔は、郵貯などのお金を預かって運用していた。ところが、誰も「金利リスク」について理解していなかった。金利リスクをコントロールしていないため、危うく国家に大損失を与えかねない状態だった。これで日本の財政・金融の舵取りができるのかな？　と思った。この「金利リスク」のゴタゴタについては、本書の第2章でも述べているし、『さらば財務省！』（講談社＋α文庫）で詳述しているのでご関心のある人はひもといていただきたい。

ともあれ、数学科出身の私は、多くの法学部出身官僚からは、「専門バカ」とバカにされ、「思考のバランスが悪い、偏っている」と言われたりもした。しかし、私から見れば、彼らは専門バカにもなれない単なるバカだと思っていた。

もちろん、専門性がすべてではない。専門性はなくても、度量の大きい財務官僚はいた。自分がよくわからないことは、専門性を持った者に任せる。そういう人は、専門性はなくても立派な人である。タチが悪いのは、「自分はエリート財務官僚で、自分こそが専門家だ」と思い込んでいる人間だった。

財務官僚をはじめ、各省庁の官僚たちは「事務処理能力が高い」などと持ち上げられることがあるが、これからの時代、事務処理なんていうものは、AI（Artificial Intelligence）にもできるようになる。今問題になっている財務官僚たちによる森友文書の「書き換え」もAIにできるだろうし、改ざんしてもAIに見つけられるだろう。公務員の仕事は定型的な業務が多いから、大半の仕事をAI化できる。AIのほうが、恣意的な要素を入れずに、誰に対しても依怙贔屓《えこひいき》せず公平に処理できる。行政の公平性の面でもＡＩのほうがいい。

公務員の仕事に限ったことではなく、定型的な業務は、どんどんＡＩに置き変わっていく。弁護士や税理士など、知的なことをしているように見える職業も、実は定型的な業務が多い。銀行マンの業務も定型的なものが多い。

これからの時代は、知的に見える仕事でも、定型的な業務は、どんどんＡＩに置き換わっていく。本物の専門性が求められる時代であり、「学はあっても単なるバカ」には、厳しい時代になる。本を沢山読めば賢くなれる、教養が身につくというのも幻想だろう。ＡＩ社会では、そういった旧来の「知的生活の方法」とは違った「知的生活」が求められるようになるだろう。

私のように、数学をやってきた人間は、ほとんど本を読まない。数学は、頭の中の思索だけで終わってしまう学問だからだ。紙切れ一枚とペン一本さえあればできると思われているが、実際には紙切れもペンも要らない。ペンを動かしながら考えたほうが頭の働きがよくなる人はペンを使うが、そうでない人は何も使わない。私の場合は、紙もペンも要らない。黒板も必要ない。ブラブラする空間があるほうがいいが……。

数学の世界では、本を読まなければ考えられない人は数学者にはなれない、と言われている。先生から教えてもらわなければいけない人も数学者にはなれない。自分の頭の中で、無から有をつくり出すのが数学者だ。そういう世界を目指していたので、私には「本を読む」という発想が子供の頃から今にいたるまでほとんどない。

ただ、古典的な本は読むことは多少あった。そのあたりは、この前亡くなった『知的生活の方法』(講談社現代新書)や『渡部昇一　青春の読書』(ワック)を書いた「知の巨人」渡部昇一さんと大きく異なるところだ。ケインズの『一般理論』、アダム・スミスの『国富論』、マーシャルの『経済学原理』などは読んでみた。

読まないのは、最近の本である。最近の本は、誰かの論や発言をコピーしているだけのものが多い。時々、本をくれる人がいるのでパラパラと見ると、「誰がこう言った」という記述が目立つ。そういう本を読んでもほとんど意味はないと思っている。コピーのような本を読むくらいなら、原著を読んだほうがいい。

二〇一五年に『ピケティ入門　たった21枚の図で「21世紀の資本」は読める!』(あ

さ出版）という本を書いた。そのときに、解説本を書くのでピケティの本を読んでみたが、数表が多く読みやすかったが独自のアイデアはほとんどなかった。

たくさんの本を書いている私が言うのは自己否定の最たるものだが、「本は読むな」と言いたいくらいだ（笑）。

映画を見るのが楽しいと思う人がいるように、本を読むのが楽しいと思う人もいると思う。本を読んで楽しめる人は本を読めばいい。

私の場合は、映画は多少楽しいと感じるが、本を楽しむことはできないので、本はほとんど読まない。

ともあれ、私は、東大出の専門性のない官僚をたくさん見てきたが、いまだに世間では、「財務省に入るのがエリートだ」とか「東大出身者、とりわけ法学部出身はすごい」とか「偏差値が高いほうがいい」という思い込みを持っている人が多い。東大を出ていようが、財務省に入ろうが、バカはバカ。勤務先や出身校など、表面的なことで人を判断せず、もっと本質的なことで判断すべきだ。学歴とか偏差値とか、そういったものは、くだらない話である。

私は、数学分野の「専門バカ」だが、専門バカの視点から、世の中のおかしな点をいろいろと指摘してみたい。

AI、ビットコイン、保険、年金、マクロ経済など、世の中には、数学が基盤になって動いている分野は多い。ところが、マスコミの人たちのほとんどは文系出身者ばかりで、数学的思考や数理的発想や技術的なことを理解していないから、そうした事象についてきちんと一般大衆に伝えられない。そのために、あまりにもレベルの低い報道が多すぎる。

マスコミの人たちは、自分たちに何の専門性もないため、たとえば、財務省が流す「日本はこんなに借金があるんです。だから財政再建が大事なんです。消費税を上げないといけない」というニセ情報に対しても、チェックすることもできず「東大出の頭のいい官僚が言っているんだから、間違いない」と思い込んで、そのまま報道してしまう。

こんなバカな官僚に騙されないためにも、レベルの低いマスコミ報道に惑わされないためにも、私のような、数学の「専門バカ」の視点が少しでもお役に立てばと思う。

第1章では、編集者の言葉にそそのかされて（笑）、私の小中高校・大学時代のことまでいろいろと書いてしまった。数学好きの変人のＡＩ型「知的生活の方法」を、笑いながら読み飛ばしていただければと思う。

「文系バカ」が、日本をダメにする

なれど〝数学バカ〟が国難を救うか

●目次

第2章
何の専門性もない財務官僚は「ただのバカ」

数学家になるつもりが、公務員試験を受けることに／パズル問題が得意で、大蔵省に入ってしまった／気ままな自由人が、間違って役人になった／「専門バカ」と悪口を言われた大蔵省時代／入省二、三年目に大蔵省のLANを構築／金融工学を使って大蔵省の金利計算を修正した／大蔵官僚はリスク計算ができず、危うく国家の大損害に／金利リスクの根本をわかっていなかった文系大蔵官僚たち／理論と数式をわかっていると、物事を予測しやすい

第3章
話を盛ったSFのような「AI」論に騙されるな

AIは人間がつくった「プログラム」に過ぎない／「シンギュラリティ」は、まやかしの言葉の典型／プログラム化できる定型業務は、AIに取って代わられる／知的職業に見える弁護士の業務はAI化しやすい／銀行の融資業務

は、AI化が一番簡単／役所の許認可は、AIのほうが完璧にこなせる／日銀の金融政策は、AIで自動運転できる／AIによって、メディアは要らなくなっていく／AI化できない世界があるから、人生は面白い

第4章

仮想通貨が消えても、ブロックチェーン技術は生き残る

私の「ビットコイン」は、消えてしまった／仮想通貨に使われるブロックチェーン技術がすごい／仮想通貨は、税金が心配という人も／仮想通貨業界には、怪しげな業者がいっぱい／投機も財テクも、素人は手を出すな／手数料狙いの金融機関のカモになるな！／手数料の率を知ったら、生命保険はバカバカしくなる／「年金受給を七十歳からにすると四割増える」は当たり前／ベーシック・インカムは、最後は価値観の問題／ベーシック・インカムと他の制度の違いを図で知る／ベーシック・インカム導入で公務員は大幅に減らせる／公金支出はすべて仮想通貨に!?

第5章

文系のマスコミ記者こそ「本当のバカ」

財務官僚時代も官邸時代も、新聞を読む必要がなかった／レベルの低い記者が書いているから、新聞は役に立たない／本当の「人事情報」を新聞記者に話す人はいない／テレビは見ないが、検証のために録画しておく／裁量労働の労働時間など調査する意味がない／「取材すればわかる」と思い込んでいる新聞記者たち／引用の多い本を読むくらいなら、一次情報に当たれ／マスコミの流す情報は、人から聞いた二次情報／学者が使っているデータベースは共有されている／「デフレ不況」という愚かな言葉を使うマスコミ／マスコミは「安全基準」と「契約基準」の違いも知らない／理系知識がないから、記事がトンチンカンになる／イデオロギーの強い文系記者の書く記事は読む必要がない

取材協力／加藤貴之　装幀／須川貴弘（ＷＡＣ装幀室）

第1章 私は「神童」だった!?

教科書をもらった初日に一年分全部終わった

私は、自分のことを「神童《しんどう》」と思ったことはない。ただ、編集者から「神童」としてのエピソードを書いて欲しいということなので、一応、「神童」ということにさせていただく。「神童」のエピソードというより、「変人」のエピソードになってしまうかもしれないが（笑）。

小学校時代に、一年のうちで一番楽しい日は、教科書をもらう日だった。学校で教科書をもらうと、うれしくなって読み始める。小学校の教科書は薄いので、すぐに読み終わる。算数は、教科書に付いている問題は全部やってしまった。理科もその日のうちに終わった。

一年間にやることは、一日目で終わっていた。初日はものすごく楽しいが、次の日からは暇で暇で仕方がなかった。

学校に行ってもやることはないけれども、とりあえず学校には行かなければいけない。授業中にマンガなどを読んでいると怒られちゃうから、授業を聞いているふりをしていた。

成績はどうかというと、オール５ではなかった。

算数と理科は抜群にできて、暗記系のものも得意だった。だが、国語の問題は、はっきり言って、よくわからなかった。漢字は書けたが、「作者の言いたいことは何か」というような問題は完全にはできなかった。そもそも、こういう問題に正解なんかあるのだろうかと思っていた。

だから、テストのときには、いい加減なことを書いたり、何も書かなかったりした。そんなことをしていたので、国語は５は取れなかったと思う。

大人になってから、本をたくさん書かせてもらうようになり、私の著書の一節を入試問題に使うところも出てきた。そのときに、引用箇所と問題文・正解を送ってきてくれたのだが、首をかしげてしまった。「えっ。私の言いたいことは、そんなことじゃないんだが（笑）」と思った。その問題をやらされて正解・不正解の点数をつけられた受験生は気の毒だ。

国語の問題は、出題者が著者の意図を読み違えていることも多い。子供のころに国語ができなかったのは、むしろ、いいことだったのかもしれない。

ついでに、その他の科目について言うと、運動は得意だったが、家庭科は苦手だった。裁縫はできないし、料理もできない。今でも裁縫、料理はできない。目玉焼きもつくれるかどうかわからない（笑）。リンゴの皮もむけない。

二日目以降は暇だから、小学校時代はスポーツばかり

小学校のときは暇で仕方がなかったのでスポーツをやっていた。野球をやったり、その他のスポーツをしたり。

ちなみに、ウインタースポーツは何でも得意で、スピードスケートもやっていたし、スキーのジャンプもやっていた。

一度、『ニュースライブ　正義のミカタ』（朝日放送系列）というテレビ番組の打ち合わせで、キャスターの東野幸治《ひがしのこうじ》さんに、「子供のころ、スキーのジャンプをやっていた」

と話したら、びっくりしていた。

番組内で東野さんが「高橋先生は、昔、ジャンプをやっていたんです」と言ったら、出演者の人がみな「エーッ」と驚いていた。私の今の体型からは想像が付かないと思う（笑）。あまりにもギャップが大きいので、面白かったのだろう。

私は東京に住んでいたが、週末は、福島県に行ってスキーやスケートの練習をしていた。冬休みも春休みも、ずっと練習をしていた。毎週通わせるのは、ものすごい投資金額だったと思うから、うちの親は、そちらのほうに進ませたかったのかもしれない。

初めは急斜面を滑り落ちていくアルペンスキーをやっていたが、雪国出身の子にはかなわなかった。小学生の後半からはスキー・ジャンプを始めた。

「ジャンプは怖くないんですか？」と聞かれたことがあるが、怖いなんてものではない。真っ逆さまに落っこちる感じだ。二十メートル級までしかなかったが、高さが二十メートルだから、ビルの五階か六階に相当する。そこから飛び降りる感じである。ジャンプで骨折したこともある。

ジャンプというのは昔は犯罪人の刑罰だったと聞いている。恐怖感の塊のようなスポーツなのだが、面白かった。ウインタースポーツをもっとたくさん練習したかったけれども、さすがに雪国に移り住むことまではできなかった。

中学時代は、やることがなくサボりまくり

小学校のときは一応真面目に学校に行っていたが、中学に入ると、だんだん社会性のなさが出てきて、時間もルーズになり、いい加減な生活になっていった。学校をサボるのは、得意中の得意だった（笑）。

態度も生意気になっていき、数学や理科の授業では露骨に先生を無視したり、授業中に変な質問をしたりしてふざけていた。先生に「髙橋、出て行け！」と怒られたことが何度もある。

中学のときも、主要教科の教科書は一日目で読み終わった。教科書を持ち運びするのは面倒くさいので、学校に置いたままにするようになった。

とりわけ、暗記科目は、教科書を見るとすぐに覚えることができた。写真で映しておく「フォトメモリー」のように、読んだらほとんどが記憶に残った。覚えようと思わないと覚えられないが、覚えようと思えば、だいたい記憶できた。今はかなり衰えてきたが、若いときには何でも覚えられた。

この能力は、試験のときにはものすごく便利だった。試験前にちょっと教科書をながめ直して覚えるだけで、あたかもすごくわかっているかのように再現できる。記憶は長続きはしないが、試験のときまでは持つ。内容を理解できていたのかと聞かれると、それはよくわからない。

試験範囲が決まっているものは、フォトメモリーで覚えてしまって、試験のときに再現する。そういう科目は成績がよかった。

英語は、小学校のときにはまったくやっていなくて、みんなと同じように中一から始めた。英語もそれなりにできたが、英語の才能はなかったと思う。大蔵官僚時代にプリンストン大学に留学したときに、向こうでは、最初のうちは（実は留学の最後まで）私の英語はあまり通用しなかった。だから、話すことに関しては、「自分の英語力はこんなものか」と思ったが読解力は大丈夫だった。

中学時代に東大入試の数学は満点がとれた

科目としては、数学はものすごくできて、中学生のときに東大等の大学入試の数学の問題は簡単に解けた。東大の数学問題なら百点はとれた。それ故に、学校の授業は物足りなさすぎた。

世の中には私のような変な子がたまにいるらしい。経験豊富な先生は、そういう生徒がいることを知っているので、温かい目で見て対応してくれた。

中学の先生は、「こういう本があるよ」と、東京図書の数学オリンピックの翻訳本を紹介してくれた。今は日本からも力さえあれば数学オリンピックに参加できるようになったが、当時の中学生は参加する術《すべ》すらなかった。

数学オリンピックは大学レベル以上の問題だ。中学生にその存在を教えると、飛び級を認めるような格好になるから、「悪平等」教育が好きな日教組全盛の時代には、学校の先生が参加を勧めることはできなかったのだろう。数学オリンピックの存在すら一般には知られていなかったが、私の中学の先生は、その問題集のことを教えてくれた。

ロシア語で数学オリンピックの問題集が出ていたようだが、ロシア語は中学生にはとても読めない。日本語に翻訳してくれたのが東京図書の本だ。

さすがに、数学オリンピックの問題は、神童の私でも、まだ中学生にはスイスイと解けるようなものではなかった。大学入試の数学の問題は、一時間くらいで何問かを解くものだが、数学オリンピックの問題は、一問解くのに半日くらい考え続けなければならない。「半日、この問題を考えていろ」と言われたら、普通の人はみなギブアップしてしまうだろうが、数学好きの人間には、それが面白い。長時間ズーッと考え続けるのが、数学の醍醐《だいご》味《み》だ。信じられないかもしれないが、時には考えていることすら忘れてしまうが、あるときにパッとひらめいて問題が解ける快感は今でも覚えている。

高校受験は、都立高だけを受けようと思ったが、家の近くにある私立の進学校から受験してくれと言われたので受けてみた。するとトップで合格。「三年間授業料を免除するから来てほしい」と言われたが、そこへは行かずに、結局都立小石川高校に行った。

高校時代は、数学の授業は免除してもらった

高校の教科書も一日目でだいたい読み終わった。少し分厚い教科書でも数日あれば読み終わった。暗記系の科目は、その場でほとんど覚えてしまったものもあるし、あとで覚え直したものもある。フォトメモリーがあるので試験はとても楽だった。試験直前に読んだものはほとんど覚えていたから、試験の点数はよかった。

高校時代は、こういう私の存在をわかってくれる先生とそうでない先生がいた。ある数学の先生は、数学の能力を見抜いてくれて「君は授業を聞いているのが退屈だろう。いけないことだけど、君は授業に来なくていいよ」と言ってくれた。

そう言われてすごくうれしくなって、本当に行かなかった(笑)。数学の授業はほ

とんど出ていない。他の授業は免除してもらえなかったのでやむをえず出席。でも数学は授業を受けずに試験の時にだけ行けばいいということにしてもらっていた。

しかし、「そんな特権は許さない」という数学の先生もいた。高校生になるとますます生意気になっていたから、そういう教師に対しては、授業中にこちらからの質問という形で問題を出したりした。先生が絶対に解けない問題を出す。すると先生は顔を真っ赤にして挑んでくるけれども、全然解けない。それをこちらがスラスラと解いて、露骨に差を見せつける。そうやっておちょくっていた。同級生は、数学の時間が全部つぶれるので大喜びだった。

その先生とは闘い続けた。先生は「高橋に告ぐ！」と書いて、教室などに数学の問題を張り出したりもした。

そんなの解けることはわかっているけれども、普通に解いたのでは面白くないから、相手が予想も付かないようなエレガントな方法を考えて解いてみたりもした。それがとてもスリリングで面白かったことを覚えている。

先生は私に授業を何回もつぶされているので、相当悔しかったのだろうと思う。それでも最後には授業を免除してくれた。

こんなふうに先生をおちょくって、小馬鹿にしているのだから、とんでもない高校生である。その気風は財務省に行っても変わらなかった。だから、先生を先生とも思わないこんな酷い人間になったといえようか（笑）。

全国模試一位とZ会の問題づくりで「小遣い稼ぎ」

ともあれ、私が通っていたのは都立高校だから、当時、校内試験の成績を張り出すことはしていなかった。全共闘などの学生運動が盛んだった時期の少し後の世代なので、成績を張り出したり順位をつけたりするのは日教組的によくないということになっていたのかもしれない。だから、自分の成績が他の人と比べてどうなのかは、よくわからなかった。

ただ、学校外の旺文社などの全国模試を受けると、常に数学は全国一位だった。私は、数学的に計算してしまうほうなので、模試を受けている時間が自分にとって採算に合うのかどうかを計算してみた。

当時は、大学受験用の模試の場合、成績上位者は図書券をもらえた。何万人くらい受けて、何位までの人がもらえたのかは覚えていないが、一位になれば確実に図書券をもらえる。

はっきりとは記憶していないが、模試の受験料が千円くらいで、ご褒美としてもらえる図書券が三千円か五千円くらいだったと思う。受験料として支払ったお金の三倍くらいのリターンにはなっていた。「千円の投資が三倍になるなら、まあいいんじゃないか」と思って、小遣い稼ぎのために模試を受けていた。

図書券をもらうために受けていたので、一位になって名前を載せたいといった虚栄心はまったくなかった。模試の上位者として自分の名前が載ることは、実は、よからぬことのほうが多い。周囲からいろいろとやっかみなど言われて面倒くさいことになる。だから、ほとんどは匿名で受けていた。模試は個人応募だと学生証明書を出す必要もないので、住所に「髙橋様方」と加えればどんな名前を書いて応募してもかまわない。

高校時代も、学校ではやることがあまりなくて暇だったので、Z会などの通信教育をやっていた。Z会など通信教育はペンネームを使えるから気が楽だった。しばらくすると、「数学の問題をつくってほしい」という依頼が来た。問題をつくるといくらかのお金をもらえたように記憶している。

最初はZ会など通信教育の会員として通信教育の問題を解いていたが、途中からはアルバイトのような感覚で、問題をつくることをしていた。採点は、通信教育の職員の人がやってくれていた。

正直なところ、私は、模試も通信教育も「小遣い稼ぎ」の場にしか思っていなかった。

数学・理科ができると偏差値90は簡単にとれる

高校時代の模試では、偏差値90になったこともある。「偏差値90なんて、すごい」と言われたことがあるが、私は偏差値にはまったく関心がなかった。

偏差値は、「平均点からどのくらいズレているか」を示した概念だ。平均を偏差値50

とし、そこからどれだけズレているかを示している。数式で書けば、偏差値＝10×（得点－平均点）／標準偏差＋50となる。

ここで、標準偏差とは得点分布の偏りを表す統計量だ。数学ではできる人とできない人の差が大きいので標準偏差は大きいが、社会科では小さい。

数学と物理は、できる子とできない子の差が大きいので、ものすごくばらついてしまう。たとえば、五問のうち一問は確実に解けるけれども、他の四問は難しいテストがあったとする。平均点は二十点くらいになる。このテストで百点を取ると、偏差値はものすごい数字になる。たとえば、数学で標準偏差20、平均点20点の試験で、百点をとると、偏差値90になる。多くの模試は、偏差値が25～75くらいの中にばらつくように問題を調整しているが、調整がうまくいかないときには、偏差値は100以上になるときも、マイナスになるときもある。

国語や社会は、点数の差があまり付かない科目だ。私は国語は得意ではなかったけれども、平均点くらいはあったのだろうと思う。社会は暗記科目なので高い点数をとることができた。

数学と理科の二科目で百点をとれば、それ以外は平均点くらいでも、偏差値は跳ね上がる。

偏差値というのはテストの性質によるわけだから、大した意味はない。税率だと八〇％と九〇％では大きな差になるが、偏差値だと80だろうと、90だろうと、どうでもいい数字なのである。

受験には関心がなく、アインシュタインの論文を読む

大学は数学科に行こうと思っていたので、東大の理科一類を受けた。模擬試験の結果から見て、落ちる確率はほとんどないと思っていたから、一期校の東大一校しか受けなかった。二期校や私立の滑り止めを受けるという発想はなかった。

数学と理科は満点が取れるだろうから、他は零点でも受かる。さすがに英語が零点ということはないので、落ちる確率は極めて低い。

もし、当日病気になって受けられなかったとしたら、運命だと思ってあきらめるし

かない。二つ受けても三つ受けても、病気になったら同じこと。受験料がもったいないので、一校だけにした。

確率的に見て受かるだろうと思っていたから、高校時代は受験のことは気にせず数学や物理のことばかり考えていた。

アインシュタインの特殊相対性理論も翻訳文で読んでみた。百年くらい前に書かれたドイツ語の論文の翻訳だ。実は翻訳文を読んでわかったのではなく、数式の部分でわかった。「ほーっ！」と思って感動した。

アインシュタインは超天才だから、一直線に答えにたどり着いていた。「こんなに短いプロセスで、こんなにきれいな答えにたどり着いたのか」と、びっくりした。なぜ、一直線にその結論に至ったのか。おそらく「神のお告げ」のようなものだろう。

天才というのは、やはり着眼点がすごい。アインシュタインの論文を読んだ時は、「美しい！」と叫んでしまった。

こういう論文をいくつも読んで感動してしまうと、受験問題など、どうでもよくなる。もちろん、塾や予備校には関心がなかった。塾で教える解法テクニックなんて、アインシュタインの論文と比べれば、あまりにも些末なことで、心底、バカバカしいものに思えた。

藤井聡太さんが数学者だったら？

さて、予定通り大学は東大の理科一類の後、数学科に進んだが、そこからは、もうめちゃくちゃである。出席を取る語学や体育や実験には仕方なく行ったが、他の講義にはほとんど行っていない。高校以上に自由を満喫した。

駒場にいるときには、教養課程だから、多少は学校に行ったが、本郷は専門課程だから全然行かなかった。

数学というのは、基本的には先生から教えてもらうような学問ではない。自分で考える学問だ。だから、大学にはほとんど行く必要がない。ゼミがあるときに、週に一回行くか行かないかという感じだった。

ゼミだけは特別で、先生との真剣勝負の時間だった。東大の数学科は、ゼミに入るのは二人くらいしかいないから、最先端の問題に対して、先生との差しの勝負のようになる。数学の場合、若いときのほうができるから、学生が先生を凌駕してしまうことはよくある。将棋の分野で若い中学生の藤井聡太さんが、自分の父親より年上の諸先輩を次々と負かしていったのと同じような感じだ。

私は、ゼミのない日は、昼間は寝ていて、夜になるとフラフラと公園のまわりなどを徘徊する生活を送っていた。

夜中にフラフラしているからといって、何もしていないわけではない。頭の中では数学のことを考えている。まわりから見たら、どう見ても「変人」にしか見えないと思う。覗き専門の痴漢と思われたかもしれない（笑）。だが、数学科の人間というのは、そんな感じの人間ばかりだ。社会性があまりない人たちである。

後に財務省から派遣されてプリンストン大学に留学したときのことだが、プリンストンのそばに、広場のような広大なスペースがあった。私は、このスペースが何のためにあるのか、すぐにピンときた。プリンストンには数学や物理を研究している人が多い。彼らが歩きながら考えるためのスペースなのだ。一般の人は、「なぜ、こんなに広いスペースがあるのか」と聞くようだが、私は数学者、物理学者のためのスペースだろうと思っていた。聞いてみると、「その通りだ」と言っていた。

このスペースには、夢遊病者のようにフラフラと歩いている人がかなりたくさんいた。今でいえばスマホ片手にうろついているようなものだ。しかし、スマホも何も持たずにフラフラしているのだから異様だろう。そんな彼らがぶつからないように、わざと広いスペースにしてあるのだ（笑）。

数学科は「美しさ」を求めるマニアックな世界

私はヒマつぶしに映画は時々見る。変人の天才数学者ジョン・ナッシュをモデルとして描いた『ビューティフル・マインド』という映画があるが、これは面白かった。ナッシュはプリンストン大学の数学科の先生で、若いときに考案した理論で一九九四年にノーベル経済学賞を受賞している。彼は、統合失調症という精神疾患を抱えており、頻繁に幻覚を見ていたため、周囲からは変な人と見られていた。プリンストン大学の構内をフラフラと歩き回るような人だった。実は、筆者がプリンストン大学に留学していたとき、大学構内で映画撮影もされていたので、その意味でも近親感のある映画だ。

「ビューティフル・マインド」という言葉には、いろいろな意味が込められている。映画では、幻覚に苦しめられるナッシュを奥さんが愛情で支え、彼が病気から回復していくストーリーが描かれている。「ビューティフル・マインド」というのは、夫婦二人の心の美しさを表しているのだろう。

また、数学の問題を解くときに「美しさ」を求めるという意味も込められていると思う。数学の問題は、コテコテの長い式で問題を解いても美しくない。一行か二行の短い式で解くのが美しい。「エレガント」という言葉もよく使われる。

答えもシンプルで、答えにたどり着くプロセスもシンプル。それが、数学的な「美しさ」だ。どちらかというと、答えそのものよりも、答えに至るプロセスが要素としては大きい。

一般の人は、答えに注目をする。たとえば、特殊相対性理論の$E=mc^2$は、答えがとてもシンプルである。だが、数学をやっている人間は、答えよりも、そこに至る過程を見る。回り回って答えにたどり着いたのではなくて、一直線で、ストレートに答えにたどり着いている点に「美しさ」を感じるような人たちである。

世界中の人に通じる共通言語は「数式」

ともあれ、数学というのは、ランゲージ・バリアがない世界だ。数式を見ると、日本人でもアメリカ人でも同じように理解できる。言葉の壁がないので、日本人がアメリカに行っても、数学の話ならば相手が数学がわかる限りすぐに通じる。

だから、数学の論文は、ロシア語、イタリア語、フランス語、ドイツ語などの言語で書かれていても、だいたい読むことができるのだ。言葉はわからなくても、数式を見ると何が書いてあるのかがわかるからだ。

そういう点では、数学というのは、「神の言葉」かもしれないと思う。どことなく神様と会話しているような感じがするからだ。

数学というものを介せば、宇宙人と会っても会話はできるかもしれない（笑）。「三・一四一五……」と二十桁か三十桁を示せば、数字が読めなくても、その規則性だけで宇宙人も「π」のことだと気づくのではないかという気がする。

文系の人には、私が言っている意味がチンプンカンプンかもしれないが、数学はそういう世界である。こんなことを朝から晩まで起きている間はずっと考えているのだから「変人」と思われるのは仕方がない（笑）。

数学という学問は、何もないところから、自分の頭の中で考え続けなければいけない。考え続けられるかどうかがポイントだ。

数学科に入ったときに、教授からは、「教科書なんか、絶対に読むな。自分の頭で考えろ」と言われた。教えてもらわないと考えられない人は、数学科では、ドロップアウトしていく。

数学者の原点はすべて自分の頭で考えることであり、人の話なんか、全然聞かないのが当たり前だ。だから、社会人としては、完全にアウト。人の話を聞かないタイプだから、はっきり言えば、社会では通用しない。そんな私が、最終的には役人になって役所に入ってしまったのだから、入れたほうの役所も大変になっていく（笑）。

中学生に大学レベルの数学を教える平岡塾のバイト

大学生のときには、平岡塾という進学塾でずっとアルバイトをしていた。もう亡くなられたが、神戸女学院を卒業した平岡芳江さんという方が始めた英語専門の塾だった。我々は「平岡のおばさん」と呼んでいた。

平岡のおばさんは、とても理に適《かな》った考え方をする人で、「英語なんて、日本人が教えちゃダメよ」と言っていた。当時の平岡塾は、英語の先生はすべて上智大学に留学しているアメリカ人学生だった。

私は、アメリカに留学したときに、平岡のおばさんが言っていたことがよくわかった。アメリカに行くと私の発音する英語がうまく通じない場面があった。やはり、英語はネイティブの人に教えてもらうべきだと思った。

平岡塾は、英語専門塾だったが、開成、麻布、教育大附属駒場（筑波大附属駒場）など進学校の優秀な生徒たちが来ていた。生徒たちから「数学も学びたい」という要望が出てきて、数学も教えることになった。平岡のおばさんは「数学も本物を教えなきゃダメ」と言っていて、数学教師はすべて東大数学科の学生にしようとした。そのため、私のところにも話が来て、平岡塾でアルバイトを始めることになった次第だ。

数学科の学生にとって、受験数学などお茶の子さいさいだ。数学科の学生ならば、ほとんどが中学生のときに東大入試の数学の問題など簡単に解けたと思う。

私たちバイトの学生に、平岡のおばさんは「ハイレベルの立場から何を教えてもいい」と言った。普通の受験数学を教えるのではなくて、本物の数学を教えて欲しいということだった。だから、受験スケジュールなどまったく無視して、極めて高度な数学を教えた。

集まってきた生徒たちは、開成、麻布、教育大附属駒場（筑波大附属駒場）などの中高生。各学校でトップクラスの生徒ばかりだった。

開成、麻布、筑駒は、教師のレベルも高いとされているが、数学を教えているのは数学科出身の先生ではなく、普通の先生だ。学校の先生が教えることはレベルが低いから、数学のできる中高生にとっては、学校の授業が面白くない。そういう生徒たちが平岡塾に集まってきた。

中学一年生、二年生で、すでに大学レベルの数学ができる子がけっこういた。彼らは数学ができすぎて、私同様に学校で暇をもてあましていた。

私たち数学科の学生から見ると、自分たちの子供のころの姿を見ているような感じだった。自分と似ている子を教えるわけだから、とても教えやすい。中学一年、二年の子に、大学レベルの数学をどんどん教えた。少なくとも、東大の入試の数学よりははるかに難しいことを中学生に教えていた。

それ故に極めてレベルの高い数学塾として評判になった。平岡のおばさんは、経営者としての才覚もあり、東大数学科の人間が教えていたクラスの評判を利用して、その下に二軍クラスのようなクラスをつくった。

大学の数学科レベルのことを理解できる中高生はごく少数だ。経営上の身入りは少ない。そこで、平岡塾の二軍クラスには普通の子をたくさん集めた。ここで教えるのは普通の大学生である。こうやって、非常にうまく塾の経営をしていた。

数学教師のバイトだけで十分に生活ができた

平岡のおばさんは、経営のやり方もうまいが、我々に対する待遇もすごくよかった。よすぎたと言ってもいい。

システムは簡単で、どこかのマンションに生徒十人くらいを集める。週一回二時間で一人三万円くらいの月謝をとる。月謝は講師が集める。

生徒十人から月謝を集めると、月三十万円。そのうち五万円を平岡さんに渡すので、差し引き二十五万円となる。一カ月八時間働くだけで、二十五万円ももらえた。時給にすると三万円くらいだ。四十年も前にそれだけの報酬を出してくれていた。当時の大卒の新入社員の初任給は十万ちょっとぐらいだ。その倍以上の額を一日分（八時間）の労働で得られるのだ。メチャクチャというしかない。

評判がよくなると、生徒がさらに集まってきた。私の場合、授業は土曜日にやることが多かったが、二クラスくらい受け持っていた。二クラスだから一カ月で五十万円くらいになる。毎週土曜日に働くだけで五十万円ももらえるのだから、ものすごくおいしいバイトだった。

その後就職して大蔵省に入ったときの初任給（二十万もなかった）よりもはるかに高かった。しかも学生時代には税金はまったく納めていなかったし、平岡塾も源泉徴収をしていなかったのでそれは手取り額。大蔵省に入省するときに、「すいません。税金を納めていませんでした」と正直に報告した（笑）。追徴課税はされなかった。

ちなみに、私と一緒にやっていた数学科の同僚は、あまりにも実入りがいいので、卒業後に、自分で同じシステムの塾をつくってしまった。今では有名な塾になっており、彼は一代で財をなしたと聞いている。

私は、学生結婚をしたが、平岡塾で稼いだお金で生活資金を賄《まかな》っていた。結婚式や新婚旅行、新居の費用などをすべて自分で出すことができた。学生の分際だが、平岡塾のおかげで自活できたのだ。

世界最高レベルでも謙虚さを忘れない人が一番すごい

本書を書くに当たって、編集者から参考資料として『神童は大人になってどうなったのか』（小林哲夫著、太田出版）という本をもらった。私は、古典的名著を除くとほとんど本を読まない人間なので、編集者に説明してもらいながら、パラパラと中身を見た。

同書で取り上げられていた人の中には、先輩にあたる日銀総裁の黒田東彦《はるひこ》さんの名前もあるが、それはいいとして、首をかしげたくなる人も多かった。前川喜平・前文部科学事務次官や山尾志桜里衆議院議員などの名前もある。

一生懸命に勉強して、いい大学に入ったという人は、「神童」と言うより普通の「秀才」ではないかと思う。この本の刊行は二〇一七年八月なので「文春砲」の前に出ているが、山尾さんなんか現役で東大法学部に受かったとはいえ、帰宅して夜七時から午前三時まで受験勉強をしていたという。司法試験も七回目でやっと合格。それで「神童」とは？　「神童」をどう定義するかによって違ってくるが、同書には、東大などの大学名や進学校の高校名がたくさん出ていて、難関校の受験に合格したら、それだけで「神童」という前提になっているように思えた。これだと単に受験秀才レベルの話になってしまう。

本当の神童は、私のように、受験などというものはまったく意識していないのではないかと思う（笑）。ａｂｃ予想を解いた数学者の望月新一さん（京都大学数理解析研究所教授）は、日本での受験などはまったく考えていなかったのだろう。彼は、十六歳でプリンストン大学に入学し、二十三歳で博士課程を修了している。飛び級を認めない日本の教育制度の中には、とても収まりきらない人だ

ところで、二〇一八年二月の平昌（ピョンチャン）オリンピックで、スピードスケートの小平奈緒選手と高木美帆選手、高木菜那選手たちが金メダルを取った。小平、高木という名前は、数学界の人にはピーンとくる名前だ。

私はツイッターで「小平、高木は女子スピードスケートのメダリスト。小平、高木というと数学関係者もわく。あと、森さんも」と書いた。二百人くらいが「いいね」

を押してくれた。

数学分野のノーベル賞とも言われる「フィールズ賞」をとった日本人は、小平邦彦さん、広中平祐さん、森重文さんの三人だけ。高木貞治さんはフィールズ賞選考委員を務めた。だから「小平、高木」と聞くと、私は数学者を連想してしまう（笑）。

小平さん、高木さん、森さんは、数学界のスーパースターだ。

前出の書籍にもこの人たちの名前が出てくるが、こういう方たちこそが、おそらく本当に「神童」だった方だろう。

おそれ多いが、小平さんと私は少し経歴が似ている。小平さんは、東京生まれで、東京府立第五中学（後の都立小石川高校）を出て、東大理学部数学科に進んでいる。その後、東大の助教授をされているときに、プリンストン高等研究所に招聘された。小石川、東大数学科、プリンストンというのは、だいたい、私と似たような経歴である。プリンストン高等研究所とプリンストン大学は厳密には違う組織のようだが……。

小平さんは東大数学科の教授をされていたが、私が数学科に入る前に定年退官された。似たような経歴だったので、小平さんについてはけっこう勉強した。本を読まない私が、小平さんの著書（『ボクは算数しか出来なかった』『怠け数学者の手記』）は読んだ。小平さんは、ピアノはプロ級にうまいが、駆けっこはダメだったそうだ。駆けっこが苦手だから、その劣等感から、数学を頑張ったのだという。

謙虚な方だから、ご自分の能力をひけらかすことはまったくない。むしろ、できない点ばかりを本に書いている。お父さんが農水次官で事務処理能力が高かったらしいが、小平さん自身は事務処理能力がないのだという。駆けっこができない、事務処理能力がないなど、そういうことが書いてある。

ご本人は謙遜されているが、小平さんは日本の頭脳である。小平さんがプリンストンに行かれたことは、日本の頭脳流出だった。

小平さんと私は経歴が似ていると書いたが、数学の面はもちろん、謙虚さの面でもとても及ばない。私は、役人なんかやってしまったものだから、どんどん謙虚じゃなくなってしまった（笑）。

私は、誰が「神童」だとか、そんなことはどうでもいいことだと思う。

それよりも、大事なことは、小平さんのような方でも、得手、不得手があったということ。どんなにすごい方でも、すべての分野で秀《ひい》でているわけではないのだ。

普通の人は、苦手分野があるとめげてしまうが、小平さんは、苦手分野の劣等感をバネにして得意分野を伸ばした。伸ばしたと言っても、並みの伸ばし方ではなく、フィールズ賞レベルまで伸ばされた。

さらに言えば、世界最高レベルの実績をお持ちでも、ずっと謙虚さを忘れない。こういう方こそが、本当にすごい方、「神童」である。

第2章

何の専門性もない財務官僚は「ただのバカ」

数学家になるつもりが、公務員試験を受けることに

もう亡くなられたが、東大経済学部に鈴木雪夫さんという統計学の大家がいた。鈴木先生は、東大数学科を出た後に、統計数理研究所を経て、経済学部の教授をされていた。数学科の先輩の鈴木先生から、「経済もやっておいたほうがいい」と言われ、私は数学科を卒業した後に、経済学部に学士入学することにした。

当時、数学科出身で経済学部教授をされていたのは、鈴木雪夫先生と宇沢弘文先生の二人だけだった。どちらかの先生にお世話になろうと思っていたが、宇沢先生のゼミは、入るときに試験があるという。経済学なんて全然知らないから、それならば鈴木先生にお世話になろうと思った。かなり安直な考えだ（笑）。

鈴木先生は、「ゼミに入れてやってもいいが、条件がある」と言う。自分の代わりに統計学や数学の講義をしてくれということだった。それならば私にもできるので、鈴木先生のところに行くことにした。

鈴木先生から「髙橋君、統計数理研究所なんか、どう？」と言われたので、経済学部に籍を置きつつ、前述したように統計数理研究所に就職しようと思った。統計数理学の研究者を養成する国内唯一の機関だった。統計数理研究所からは内々定をもらうことができた。すぐに正式採用してくれるわけではなかったが、統計数理研究所に通うことになった。

統計数理研究所では、個室をあてがわれ、助手もつけてもらって、研究と論文の執筆をするという非常に好待遇だった。「いいところに入った」と思っていた。統計数理研究所にいれば、すぐに博士号を取れるという話だったし、翌年春には正式採用してもらえるはずだった。私は、将来は、統計数理研究所の教授になることを思い描いていた。

ところが、思わぬ事態が起こった。

博士号を持っている別の人が、私の代わりに正式採用されることになったのだ。突然、そのことを告げられた。

びっくりしてしまって、さすがの私も一瞬お先まっくらという感じで、何をしていいのかまったくわからなくなった。鈴木先生に相談したら、あっさりと「そんなところ、もう行かなくていいじゃないか」とおっしゃる。そう言われても、私にしてみれば、就職できると思っていたのに、できなくなってしまったのである。行く当てもないのに、鈴木先生は「自分を安く売る必要ないよ」と。鈴木先生はおそらく「数学ができるんだから食べていく道はある。心配する必要はない」という意味で励ましてくれたのだと思うが、当時は、そんな心境にはなれなかった。

ちょっと失礼な言い方をすると、鈴木先生も数学科出身だから、社会的なことにはいまいち鈍感なところがあった（笑）。

統計数理研究所に就職できないことになって、私は経済学部に戻った。

幸い、学費の面ではあまり心配する必要はなかった。外資系企業と国内企業から返済不要の奨学金をもらっていた。二社からもらっていたのでかなりのお金になったし、平岡塾で稼いだお金もあったので、当面のお金にはそう困らなかった。

それよりも、就職先がなくなったことのほうが不安だった。学生にとっては、就職先がないというのは、今も昔も非常に不安なものだ。

パズル問題が得意で、大蔵省に入ってしまった

経済学部を出て、大学院に行って、それからどこかの大学の先生になるという道もあるかなと思っていた矢先、公務員試験というものが近々あるということを聞いた。数学を研究しているほうが好きだから、役人になりたいとはまったく思っていなかったが、経済学部のゼミのみんなが試験を受けるというので、付き合いで上級職公務員試験を私も受けてしまった。そうしたら、上位の成績で合格したというわけである。高校時代の旺文社などの模試と違って図書券はもらえなかったが（笑）。

統計数理研究所がそのまま雇ってくれていたら、私のような変な人間が、世に出ることはなかった（笑）。世間のことをまったく知らずに、数学の話だけを考えて終わる人生を送れたと思う。しかし、どういうわけか、私が、文系の巣窟である大蔵省（財務省）に入ることになってしまったのだ。それが日本にとってよかったのか、悪かったのか……。

国家公務員の上級試験は、半分くらいは、「数的処理」というかパズルのような問題だった。私は自分でパズル問題をつくっているような「オタク」だったので、とても楽な試験だった。文系の人からは「あれが大変だった」と聞くが、私には物足りないぐらいだった。

試験には憲法の問題もあったと思うが、憲法ができなくてもそれほど響かない。大学入試と同じだ。パズル的な問題で圧倒的に差をつければ、他の科目ができなくても上位に行ってしまう。

社会や国語など文系科目は、あまり差が付かない科目だ。平均点に近いところに得点が集中している。それに対して、理系科目はできる人とできない人では大きく点数が開く。

公務員試験においても、文系の人は点数の開きが少ない科目が得意だが、理系の人間は点数が開く科目が得意だ。公務員試験は数的処理の問題が多く、点数を稼げるから、私には有利な試験だった。

私のころは、公務員試験は二万人以上が受験し二千人ぐらいが合格して、最終的に採用されるのは七百人くらいだった。合格した人は、行きたい官庁に面接に行く権利がある。私は、官僚になることには興味がなかったが、社会勉強だと思って、とりあえず大蔵省（財務省）と経済企画庁（内閣府）の二つを訪問した。

大蔵省の面接では、他にどこを回ったのか聞かれたので、「経済企画庁です」と答えると、「うちに来なさい。もし、経済企画庁に行きたければ、そのうち行かせてあげるから」と言われた。

大蔵省の人から熱心に誘ってもらったので、結局、大蔵省に入ることにした。大蔵省は、二年に一人くらい話題づくりのために変わった経歴の人間を採る。数学科出身で学生結婚もしていたから、「変わった人間だ」と思ってくれたのだろう。「変人枠」で私は採用された。

試験の成績もよかったらしい。一桁のいい順位だったと後で聞いた。大蔵省は自分たちの権威を保つために、成績上位者は他の省庁に行かせずに自分たちで採ろうとするようである。

気ままな自由人が、間違って役人になった

就職が決まって、大蔵省に通い始めてから、自分自身に驚いた。こんな自由人が、よく毎日毎朝決まったところに行って働いているなと我ながら感心した（笑）。案外、順応性があるのかな、と自分を見直したくらいだ。

役所勤めに馴染むことができたのは、大蔵省という役所が、普通の会社に比べれば、まだ比較的ルーズで、バラバラの時間に行ってもよかったからだ。

大蔵省は、「みんな夜遅くまで働く」という理由で、朝は、わりと遅めに行くことが許されていた。他の役所に比べると、出勤時間にはうるさくなかった。それが幸いしたと思う。

とはいえ、まわりの人は夜遅くまで働いていたが、私は夜も早めに帰った（笑）。役所内にいたのは三時間か四時間くらい。徹夜なんかしたこともない。他の大蔵官僚に怒られそうだが、自由人の私としては、これでも社会に適応できたほうだと思う。

根が自由人で、数学ばかりやっていた人間だから、法学部出身のクソ真面目な人たちとは、住む世界が違うなと感じた。向こうもそうだったと思う。「変な人間がいる」と思っていたのではないだろうか。

大蔵省の歴史の中では、数学科出身の人間は私が三例目だった。省内にはたまに理系出身の人がいたが、そういう人たちは、理系であることを前面に出さずに、経歴を消して他に同調しながら生きていた。法学部の勢力が強い大蔵省の中で理系の知識をひけらかすことは、プラスにはならないからだ。

しかし、私は、まわりのことはまったく気にせず、数学的な知識を存分に使っていた。快く思っていない人も多かったと思うが、大蔵省にも数理的な考え方が必要だと思っていたし、そう思う人も若干とはいえいた。

大蔵省に入ってからは、学生時代よりも収入は減ったけれども、お金を使う時間がなかったのであまり気にならなかった。役所の中にいればお金を使うことはないし、夜も接待というものがあった。

夜の接待は、「こんな世界があるのか」と本当に驚いた。今ならまずいと思うが、バブル期には、金融機関、企業からの接待がものすごかった。私は、入省したばかりだし、接待されるよりも数学のことを考えるほうが好きなので、あまり接待を受けることはなかったが、ビール券はたくさんもらったことがある。今なら違法だと思う。下っ端の人間にもビール券を渡すというのは、異常な世界だ。だから財務省は、酒税の値上げはすぐやろうとするのかもしれない。タダ酒に慣れているから酒税を上げても自分のふところに響かない。しかしタバコをもらうということはないし、当時の専売公社は直轄地だからタバコ税の値上げには慎重だ。

ともあれ、大人の世界には、いろいろな「お仕置き」の仕方がある、ということも知った。私はタバコは吸わないが、タバコを吸わない人間が大蔵省から、外郭団体だった専売公社（タバコ）に出向を命じられることがあった。今は「日本たばこ産業株式会社（JT）」になっているが、そこに行けば、仕事柄、吸わざるを得なくなる。タバコを吸わない人がJT出向を命じられるのは「お仕置き」と聞いた。

私も、後にお仕置きを受けたことがある。プリンストン大学に留学しているときに、「もう戻ってこい」と言われた。通常は留学は二年間だ。しかし、後に連邦準備制度理事会の理事長になったバーナンキやポール・クルーグマン（二〇〇八年度ノーベル経済学賞受賞者）たちと毎週のようにセミナーで語り合える場を失いたくなくて拒否して、もう一年滞在することにした。三年目に「戻れ！」と命令が下った。大学のほうからも「もう置いておけない」と言われて、三年間の留学で帰国せざるを得なくなった。帰国後に当然の如く、国土交通省の閑職に出向を命じられた。組織とはそういうことをするのだ。しかし時には〝我〟を主張し実践することも肝要だ。自分の財産となるのだから。

「専門バカ」と悪口を言われた大蔵省時代

理系出身で大蔵省に入った人は、理系色を消して仕事をしている人が多かったが、私は、理系色を消さなかった。そのためにまわりの人からは、「専門バカ」とか「バランスが取れていない」と言われることもあった。役所にも、そういうことを言う人間がいるのかと驚いたが、私は「単なるバカより専門バカのほうがいい」と思っていた。

大蔵官僚は、「財政については俺たちが専門家だ。素人が物を言うな」と思っていたようだが、私に言わせれば、大蔵官僚は会計、財政、経済の専門家でも何でもない。専門家にすらなれない人たちだった。

「はじめに」でも触れたが、大蔵省（財務省）というのは、英語では「ミニストリー・オブ・ファイナンス」という。「ファイナンス」というのは、会計という意味も持つ。しかし、大蔵官僚たちは、法学部出身者が多く、会計のことをほとんどわかっていなかった。世の中の人は、大蔵官僚のことを専門家だと思っているが、まったくの誤解である。

民間企業の人ならわかると思うが、会計は負債と資産のバランスシートを見るのが常識だ。国の会計においても、バランスシートを見るのが世界の常識である。ところが、大蔵官僚（財務官僚）たちは、国の借金のことしか言わない。借金のことばかりを話して、資産のことを話さないのは、「増税したい」という意図・底意があるからだ。バランスシートの片側の話しかしない人たちが「俺たちは財政の専門家だ」と思っているのは、バカとしか言いようがない。

大蔵官僚は会計、財政の専門家であるべきだが、百歩譲って法律の専門家であるならまだいい。法学部出身で「法律の専門家だ」と言うのなら、少なくとも司法試験くらいには合格していないとおかしい。しかし、司法試験を通っていない、学部卒だけの法学士・官僚が多かった。

私の数学科の後輩で、技官として通商産業省（経済産業省）に入った者がいた。通産省も法学部出身者が牛耳る世界だったらしい。その後輩は「法学部を出ているのに司法試験にも受かっていないような人間に使われるのはバカバカしい」と言って、さっさと辞めてしまった。彼は、自分で法律の勉強をして、すぐに司法試験に合格して、弁護士になった。

私たち理系の人間は、「専門バカ」とよく言われるが、「専門バカは、ただのバカよりいい」と言い返している。前出の、数学者の小平邦彦さんも、同じようなことを言っていた。

「一個でも専門分野があれば、一つも専門がない人間よりはましである。「専門バカは、それしかできない」と言われるが、言い方を変えれば、「専門分野は抜群にできる」

のである。「専門バカは、バランスが取れていない」という批判もあるが、何もできなくてバランスが取れている人よりは、はるかにいいと思う。

入省二、三年目に大蔵省のLANを構築

一九八〇年に大蔵省に入省して三年目くらいに、プロジェクトチームと称して何人かが集められた。何をするのだろうと思っていると、上司が「これからは通信がすごい時代になる。役所の中を光ケーブルでつなぐ」と話し始めた。

そのときは知らなかったが、その上司の奥さんは某コンピュータ・メーカーに勤めている人だった。本人が通信システムに関心を持っていたのか、奥さんの受け売りだったのかわからないが、役所内をネットワークでつなぐことになった。使われた機器は、すべてその奥さんの某会社の製品だったので、「あの人は、ひょっとして回し者だったのか（笑）」とも思ってしまう。

プロジェクトチームをつくったのはいいが、大蔵省には理系の人間はほとんどおら

ず、やれる人がいない。「おまえ、やってくれ」と言われて、私が外部の人とシステムをつくる一員になった。

一九八〇年代前半のことだから、まだインターネットなどない時代だ。ワープロすら珍しい時代で、「一人一台パソコン」というのは夢のような話だった。一九八四年にアメリカで初代マッキントッシュが発売されているが、その少し前くらいのことだったと思う。

各局にパソコンを一台ずつ置くことになった。当時としては、それだけでも、画期的なことだった。各局一台しか割り当てられていないので、まずは局長室に置かざるを得ない。しかし、局長たちはパソコンなんて触ったことのない人ばかりだ。キーボードすら見たことがないという。

局長が使えなければ、宝の持ち腐れとなる。そこで私はサルでも使えるシステムにしようと考えた。

まず、キーボードの上にカバーをかぶせて、そこに「為替」「株価」などと書いた。パソコンを起動させて、「為替」のボタンを押すと、画面に為替が表示される。「株価」

のボタンを押すと株価が表示される。これならば、局長は指で押すだけで使える。そういうプログラムを書いて、システムを組むプロジェクトを大いに楽しんだ。

パソコンのボタンを押すと、為替や株価が瞬時に画面に出てくる。職員名簿も、ボタンを押すとすぐに出てくる。けっこう評判が良くて、「これは画期的だ！」「俺（サル？）でも使える」と、幹部の人たちからほめてもらった（笑）。

データは、省内のホストコンピュータに入っているので、そこにリンクさせて引っ張ってきた。省内LANをつくったわけである。

私は、役所に入る前にコンピュータ数学も勉強していたので、プログラミングはお茶の子さいさいだった。

プログラミングというものを難しく考える人がいるが、「外国語」への翻訳と同じだ。「こういうことをやりたい」と普通の言葉でコンピュータに命じても理解してくれないので、コンピュータ言語に翻訳してコンピュータに伝える。それがプログラミングである。外国語の習得と同じようなものだから、一度覚えてしまえば、難しいことはほとんどない。ひたすら翻訳するだけだ。その時代は、プログラミングできる人が省内にほとんどいなかった。二〇二〇年からは小学校からプログラミングの授業が必修化されるという。ＡＩやロボットが日常社会化していく時代にはプログラミングに基づく論理的思考力を高めていくことは重要だ。

金融工学を使って大蔵省の金利計算を修正した

大蔵省（財務省）は予算や金融など数値データを扱っている役所だったが、数学に強い人間がいなかった。だから、数学的に見てまずいことをしていても、誰も気がつかず、見逃されてしまっていた。

定額郵便貯金の金利計算がその一つだった。

私は一九九一年に大蔵省理財局に異動になったが、そのころ民間銀行の定期預金から郵便局の定額郵貯への「資金シフト」が起こって大問題になっていた。

大蔵省と全国銀行協会は、「定額郵貯は非合理的な商品だから、なくさなければならない」と主張していた。一方、郵政省は、何が何でも守ろうとしていた。双方ともに、理屈ではなく、意地の張り合いのような感じだった。

私は数学的に興味を持ち、定額郵貯の金利が合理的かどうか検証してみようと思った。この検証は、オプション理論というものを知らないとできない。オプション理論は、金融工学の一つだが、数学科時代に勉強したことがあった。その後、竹中平蔵さんから、アメリカの金融工学の最新理論をまとめた本をもらって、その本を読んでさらに勉強をしていた。

オプション理論というのは専門的な数学の世界であり、文系の人にはまず理解できない。確率偏微分方程式で計算するのだが、文系の人は確率もよくわからないし、偏微分方程式などはさらにわからないと思う。私のように数学好きの人間には、楽しくて仕方がない世界だが、数学が苦手な人にとっては、小学生が相対性理論をやるようなものだ。

金融工学を使って検証してみると、定額郵貯は非合理な商品ではなかった。金利の付け方は多少変だったが、ハイテク金融商品の一つの形と考えられた。「半年経てば解約自由」というオプション付きの貯金と見ることができた。

このように一応合理的な商品ではあるが、金利の自由化が進むと金利設定が不合理な郵貯では資金シフトが激しくなることが予想された。郵貯への資金シフトが激しくなることは実は、郵貯が不安定になることを意味していた。わかりやすく言えば、市場の金利と比べておいしい金利になっているために、民間銀行から郵貯への資金シフトが起こっていたのだ。市場の金利との乖離である。郵貯の金利計算を正しいものにして、郵貯への資金シフトを止めなければいけない。

郵貯の金利の付け方を考えたのは大蔵省だ。その大蔵省で「金利の付け方が間違っている」と主張したから、非常に嫌がられた。

しかし、当時の銀行局長のT先輩が「髙橋に話を聞いてみよう」と、私の意見を求めてきた。私は、数学的な見地から、「商品自体は合理的ですが、金利の付け方が間違っています」と伝えた。まさか、そのT先輩、その人が郵貯の金利の付け方を考案した人だとは思っていなかった。私はまったく知らずに面と向かって、その責任者の本人に向かって、何度も「間違っています」と言ってしまったわけである。

しかし、T先輩は立派な人だった。私の話を聞いて、「じゃあ、ちょっと見直してやってみるか」と判断してくれたのだ。やってみたら、パタッと郵貯シフトが止まった。あとで、T先輩は、「俺が間違っていた」と言ってくれた。

このように、T先輩は私のことを認めてくれたが、まわりの人はものすごく怒っていた。私はそれまでの経緯などまったく無視して、「忖度《そんたく》」も何もせず、AI型ロボットのように――ではないが、数学的な合理的な観点だけで話していた。だが、大蔵省の官僚はそういう考え方をしない。前例が大事であり、まして、上の人を否定するような指摘はしてはいけない組織である。省内では「忖度」が第一だったようだ。

大蔵官僚たちは、「郵貯の金利はこうあるべきだ」とずっと主張していた。国会答弁でも、理屈をつけて説明してきた。だから万が一にも、「そもそも金利の付け方が間違っていた」と認めたら、先輩たちの立場がなくなってしまう。

法学部出身の人たちは、なぜ郵貯シフトが起こっているのか理解できていないので、「こんな変な現象が起こるのは、郵貯というものの存在自体がおかしいんだ」と言って、郵貯を廃止すべきだとまで単細胞的に主張していた。それに対して郵政省が猛反発していたわけである。

オプション理論のことを話しても誰もわかってくれないと思ったので、「やらないと、こうなりますよ」ということだけを関係方面には伝えた。私にとっては、数学の問題を解くようなものだったから自信があったが、サルといっては失礼になるが、文系の人にわかるように説明するのは難しかった。

大蔵省には、めったに数学の専門家のような人は入っていない。私みたいなのを入れて、懲りたのだと思う（笑）。私としては、大蔵省をけっこう助けたつもりでいるけれども、みんなは嫌だったと思う。過去の国会答弁の経緯などをすべて無視して、忖度なしで数学的に正しいことを主張する。そんな「正論」を吐く人間は、組織としては扱いにくい。当時は、T先輩のように度量の大きい局長がいたから、まだよかったのかもしれない。

大蔵官僚はリスク計算ができず、危うく国家の大損害に

郵貯の金利は修正できた。次は、財政投融資（財投）改革だった。財投は、郵便貯

金で集めたお金や年金積立金を、大蔵省理財局資金運用部が預かって、政策金融機関や特殊法人などに貸し出しをする制度だ。

財投は、高度成長期には社会インフラの整備などに役立っていたが、肥大化してムダな事業も増えていった。また、特殊法人が天下りの温床と指摘されるようになった。政治的に財投改革が求められるようになり、橋本政権は財投の預託義務の廃止を盛り込んだ改革案をまとめた。

私は、政治的な観点ではなく、数学的な観点から財投を見ていた。財投というのは、わかりやすく言えば、大蔵省が銀行業務をしているようなものだ。郵貯などの資金を大蔵省が借りて、政策金融機関や特殊法人などに貸し出す。

「お金を借りて、貸す」という業務には金利リスクが伴う。たとえば、二年間の貸し出しをするときに、期間一年で資金調達をしたとする。貸出金利は固定されているが、借入金利は一年後にはどう変わっているかわからない。一年後に借入金利が高くなっていれば損益がマイナスになる。そういうリスクを常に抱えている。

当時の大蔵省資金運用部は、四百兆円くらいを運用していたので、少し金利が変動したただけでも、大きな穴を空けてしまう可能性があった。大問題となってしまう前にリスク管理を強化するために、私はＡＬＭ（Asset Liability Management, 資産・負債の総合管理）の導入が必要と考えた。これは、金利リスクを考慮しながら資金運用を数理的に計算する手法だ。

ＡＬＭなしに資金運用するのは、リスクを考慮せず、どんぶり勘定で運用するようなものだ。個人商店ならともかく、国家がそんなことはできない。これはまずいと思って上司に報告したが、反応は鈍かった。そこで、私は勝手にＡＬＭシステムの原型をつくった。

その後、別の部署に異動することになったが、理財局から離れるときには、論文を出すことが慣例になっていた。私は金利リスクについての論文を提出して異動した。

何カ月かしたら、理財局の幹部から連絡があった。私が書いた論文を読んで、大きなリスクがあることを知って仰天したようだ。数学的なテクニカルなことは他にわかる人がいないので、「髙橋を呼び戻せ」ということになり、私はＡＬＭプロジェクトの全権を任されることになった。

ＡＬＭのシステムを外注すると二〜三年かかるし、コストも十〜二十億円かかる。そのような予算はとれない。また、極秘で進めるように指示されていたので、内部でやるしかなかった。二〜三年かかるものを「すぐにつくれ」というめちゃくちゃな指示だったが、三カ月という驚異的なスピードでシステムをつくり上げた。短期間でできたのは、遊び半分でつくっていたシステムの原型がもともとあったからだ。

このＡＬＭのシステムを構築できたことで、大蔵省は金利リスクをコントロールできるようになった。

実は、この時期、日銀が大蔵省の抱える金利リスクを指摘する準備をしているという情報を大蔵省側はつかんでいた。大蔵省と日銀は表面的には同じ仲間のように振る舞うが、その裏では足の引っ張り合いの暗闘を繰り広げていたので、大蔵省としては日銀に指摘される前にシステムをつくり上げる必要に迫られていた。だから、私にシステム構築を急がせたのだ。

予想通り、日銀は大蔵省の金利リスクを指摘するために乗り込んできた。そのときに、「リスクはコントロールできています。問題ありません」と言って終わりだった。

日銀の人たちは悔しがっていた。

金利リスクの根本をわかっていなかった文系大蔵官僚たち

ＡＬＭのシステムで、大蔵省の金利リスクは、かなりコントロールされるようになった。私は、大蔵省をリスクから救った人間とみなされて、「中興の祖」とまで言われて持ち上げられた。だが、ＡＬＭシステムができても、リスクが完全に解消されたわけではなかった。

借入期間と貸出期間の違いがある限り、リスクはつきまとう。一番いいのは、借入期間と貸出期間を同じにすること。そうすれば、金利リスクはなくなる。

私は郵便貯金から借りる形ではなく、財投債を発行すべきだと考えた。たとえば、特殊法人に期間十年で貸し出しをするときには、十年債を発行して資金調達する。そうすれば、期間の齟齬《そご》がなくなって、金利リスクが解消される。

大蔵省は長年、すべての官庁の金を集めてそれを運用する権限を握っていた。債券を発行して資金調達することは、長年の権限を放棄することになる。当然、省内からは総スカンのようになった。

それでも、ＡＬＭシステムの件もあり、「リスクのことは、あいつの話を聞いておかないと危ない」ということになって、話を聞いてもらうことができた。省内で多くの抵抗があったが、大蔵省は財投債導入を決断した。郵貯の権限を手放すのと引き替えにリスクを遮断することができた。

郵政省のほうは、大喜びだった。大蔵省に預けていた郵貯を自主運用できるようになったからだ。

しかし、私には、問題が大蔵省から郵政省に移っただけだということがわかっていた。それまでは、大蔵省に預けられた資金には、大蔵省が高い金利を払ってあげていた。特殊法人に高い金利で貸し付けていたので、その分を上乗せして郵政省に払っていたのだ。自分たちの天下り先にもなる特殊法人には税金が投入されていたから、郵貯への上乗せ金利に、事実上、税金を投入していたということである。

郵貯が大蔵省と切り離されたため、今後は上乗せ分はなくなる。郵貯は、自主運用して稼がなければならない。

そのときに障害になるのは、郵貯が官営ということだった。官営である限り、原則として国債でしか運用できない決まりになっていた。国債というのは、金融商品の中で最も金利の低い商品である。金利の低い国債でしか運用ができないようでは、郵貯制度は成り立たなくなる。郵貯が国債以外の金融商品で運用できるようにするには、民営化以外の選択肢はなかった。

「郵政民営化」を主張した小泉純一郎さんが首相にならなくても、郵政民営化は必然だったのだ。大蔵省と切り離されたため、民営化しか郵貯が生き延びる方法はなかったのである。

後に私は郵政民営化にも関わることになった。郵政改革に関しては、最初から最後までやらせてもらうことができた。

郵貯の金利の付け方のまずさを指摘したときに使ったのはオプション理論だが、省内の人に説明するときにはオプション理論のことは出していない。難しい計算式を話しても、わかってもらえないからだ。

銀行局長が話を聞いてくれて、「やってみよう」と言ってくれて、やってみたら、ピタッと郵貯シフトが止まった。結果が証明してくれた。

一度当たると、話を聞いてもらいやすくなる。ALMに関しても、「やらないと、こうなりますよ」という予測を話して、やらせてもらった。金利、ALMで信用されたので、抵抗の強かった財投債導入も決めてもらえた。

いずれの場合も、予測が当たったのは、背景に計算式があったからだ。数理的に計算をして予測した。

理論と数式をわかっていると、物事を予測しやすい

今、私は大学教員だが、翌年の就職率の予測値を出して、大学の就職担当の人に伝えている。毎年ほぼ予測通りの数値になっているので、大学ではノストラダムスもびっくりの「予言者」のように思われている（笑）。

しかし、私は数値を計算しているだけである。予測式をつくり、そこに数値を入れ

ると、就職率が出てくる。その数値を伝えているに過ぎない。背景にある計算式をわかってもらうのは難しいので、結論だけを伝える。途中を省いて結論しか伝えないから予言者のように思われてしまう。

自然界では、皆既月食という現象がある。皆既月食は、「何月何日の何時から起こる」という予測が寸分の狂いなく当たる。予測が当たるのは、背後に万有引力の法則の理論があるからだ。

万有引力の法則から、月と地球と太陽の引力を計算して運動方程式を解くと、天体の動きを予測できる。一般の人に運動方程式を説明するのは大変なので、理論的な部分を省いて、「何月何日の何時から、月が欠け始める」と伝えられる。理論を説明するよりも、予測の結果だけを伝えるのが一番簡単だ。

予測された時間に空を見ていると、その時間から月が欠け始めるので、みんなが「おおっ」と驚く。大昔なら、皆既月食をピタッと当てれば「予言者」と呼ばれたかもしれないが、ケプラーの法則、ニュートンの万有引力の法則がわかっている人には、驚くほどのものではない。

私がやっている手法も、数式モデルをつくってそれに当てはめるというものだ。当たれば、モデルが正しかったことが証明されるし、当たらなければ、モデルが間違っていたことになる。当たらないときには、モデルを修正して当たる確率を高めていく。

数理的なロジカルな思考が役に立つのは、予測の精度が高くなるという点だ。人間は、予測の中に自分の思いを込めてしまうことがあるが、それだと「鉛筆舐め舐め」と大して変わらない。ロジカルに予測をしたほうが、希望的な観測を入れる余地がなくなるので、当たる確率は高くなる。知的生活とは、そういう楽しみを得ることではないか。万巻の書物、とりわけ小説、文学、ノンフィクションを読破するのが知的読書、知的生活だと思われているようだが、私は小学生のときからそんなに本は読んでこなかった。だが数学を勉強することは、知的生活の第一歩といえるのではないか。

編集者によると、元外務省主任分析官で作家の佐藤優さんは、文系の人（同志社大学院神学研究科修了）だが、その著『埼玉県立浦和高校 人生力を伸ばす浦高の極意』（講談社現代新書）という本でこう述べているという。

「文系の人たちはですね、数Ⅱまでではなくて、必ず数Ⅲまで学習しておいてください」「偏微分ができないと、いまの本格的な経済の本を読んでもわからない」「仮に数Ⅲまで修得していれば、大学では文科系に進んでも教養課程で数学や経済数学の授業についていくことができます。そうなると国際的に活躍するとか、あるいは商社などで仕事をすることになって、経済関係の論文を読むときなどに自力で読めたりします。それだから数学の力はつけておいたほうが絶対にいいんです」

それはその通りだろう。さすがに、地頭《じあたま》のいい人はいうことが振るっている。

第3章

話を盛ったSFのような「AI」論に騙されるな

AIは人間がつくった「プログラム」に過ぎない

前章までにお話ししたように、私は数学を専門にしてきたから、コンピュータ・プログラムやＡＩ（Artificial Intelligence）には詳しい。

もともと、数学とコンピュータ科学は密接に関わっている。コンピュータのモデルとされるチューリング・マシンをつくり、ドイツの暗号エニグマを解読することに成功した英国人のアラン・チューリングは数学者である。彼らのような、数学者たちが、コンピュータ科学を発展させてきた。

数学を専門とした私から見ると、世の中で言われている「ＡＩ」の議論は、まやかしの話が多いと思う。

ＡＩは、「人工知能」と訳されているが、この訳語が誤解を与えている。「知能」という言葉から連想して、機械が「知恵」を持っているかのように思ってしまう人が多い。実際には、ＡＩは「知恵」はまったく持っていない。人間がつくったプログラム通りに動くだけである。

　AIは、人間がつくった「プログラム」に過ぎない。人間より優れている点は、大量に高速にデータ処理ができること。AIに夢を見ている人には申し訳ないが、単なる「プログラム」のカタマリがAIなのだ。

　プログラムのわからない人は、AIの話をするときに誇大妄想ともいうべきSFのような話をする。そういう人は、だいたい話を盛っている。

　技術的な視点で見ると、「AIで起こりうること」というのは、すべて「プログラム化できるかどうか」という点に還元することができる。プログラム化できることは、AIによって起こりうる。プログラム化できないものは、AIを使っても起こりえない。それだけのことだ。たとえば、自動運転はプログラム可能な領域だ。

　こういう本当のことを言ってしまうと身もふたもないので、話は盛り上がらない。インターネットの番組でAIの話題が出たときに、「所詮、プログラムの話です」と言ったら、急にまわりが静かになって議論が盛り上がらなくなってあとで怒られてしまった（笑）。

「人間がコンピュータに滅ぼされる」とか「コンピュータが勝手に戦争を始める」というように、話を盛ったほうが面白いのだが、実際のＡＩは、プログラムをどう書くかという話である。

プログラムの中に意図的に悪意のある命令を入れておくことはできる。「人間を殺せ」という命令を入れておけば、ターミネーターのような殺人ロボットをつくることも可能だ。それでも、ターミネーターが意図を持っているのではなく、プログラムを書いた人間の意図によって動いているだけだ。

手塚治虫の鉄腕アトムのように、自分で動くロボットができるのではないかと思っている人もいるが、現実にそれらのロボットをつくるとすれば、鉄腕アトムも、プログラムされた範囲内でしか動かない。

プログラムを書く人が、いいプログラムを入れておけば、人間の役に立つロボットができる。人類を滅亡させるプログラムを入れておけば、ロボットはその指示通りに動く。

アメリカ軍は、無人機ドローンを使った戦争をしている。ＣＩＡの本部から、アフガン上空に飛ぶドローンを操ってテロリストをピンポイントで殺すことも可能だ。そのように、攻撃能力を持つドローンは、ターゲットを攻撃するようにするようにプログラムされているが、プログラムにバグ（プログラムのミス）があれば、ドローンが自分のほうに向かって攻撃を仕掛けてくることもありうる。

ＡＩはすべて人間が書くプログラムによって動いている。ＡＩの話は、プログラムの話でしかない。

ＳＦ映画のような話をする人には、「どういうプログラムを書くと、そういうことが起こるのか」と聞いてみればいい。機械は神様が勝手に動かすわけではない。プログラムがないと動かない。

「どういうプログラムを書くと、その危険な現象が起こるのか」に答えられなければ、現実には起こらないということだ。さらに言えば、危険なことが起こるプログラムを書けるのであれば、それが起こらないようにするプログラムも書けるということである。

プログラムの中には、進化型のプログラムというものがあり、プログラムにプログラムを書かせることもできる。しかし、どこまで書かせるかを決めるのは、人間だ。単なるプログラムが、人間を超えるというのは、当面の間、あり得ない話だ。

「シンギュラリティ」は、まやかしの言葉の典型

世の中にあふれているＡＩの話は、ほとんどがまやかしだ。ＳＦのような話をしている人は、話を盛っている。

「シンギュラリティ」という言葉を使う人も怪しい。「シンギュラリティ」（技術的特異点？）いう言葉は、一般の人には聞き慣れない言葉だから、こういう言葉を使って、ごまかそうとする。みんなが聞いたことのない外来語を使ってまるめこもうとするのは、ＩＴ関係の人の典型的なやり口だ。

役所にいるときに、システムの専門家と称する人たちとの対応を何度もやった。そのときに、言葉を重ねてご託を並べる人が多かった。「じゃあ、これをちょっとプログラムして」と言うと、できる人はその場でやってしまった。ところが、できない人

は「うーん」となって、ご託を並べ始める。こちらは、「ああ、もういいです」と言って、そういう人にはお引き取り願った。

理系の人でもＡＩのことを本当にわかっている人は少ない。一口に理系と言っても、能力差はものすごく大きい。普通の理系の人は、文系の人なら騙せるかもしれないが、私のような数学科の〝神童〟を騙すことはできないと思う（笑）。

聞いたことのない外来語を多用する人や、夢のような話をする理系の人の言葉は信じないほうがいい。

よくわからない言葉を持ち出されたときには、定義を説明してもらおう。「シンギュラリティって何ですか？　定義を教えてください」と聞けば、おそらく答えに窮《きゅう》する。「特異点」とか「技術的特異点」という訳語は言えても、何を意味するのか、きちんと定義することはできないだろう。特異点を超えると、ＡＩが人間の知能を超えるという話になっているが、「何が、どう人間の知能を超えるのか定義してください」と突っ込めば、そこで何も言えなくなる。「シンギュラリティ（特異点）」は数学用語にもある。数学者の広中平祐さんのフィールズ賞受賞対象の研究は「標数０の体上の代数多様体の特異点の解消および解析多様体の特異点の解消」だけど、「広中の定理」で「シンギュラリティ」は解消できますねとか言っておくと、かなりの牽制球になる（笑）。

言葉の定義もできていないのに、「シンギュラリティが起こって、大変なことになる」というのは、「一九九九年に人類が滅びる」と言ったノストラダムスの予言と変わらない（笑）。ちなみに、『ノストラダムスの大予言』（祥伝社）を書いた五島勉さんは、後のインタビューの中で、「怖がらせてしまった当時の子供たちに申し訳ないことをした」と謝罪しているそうだ。

プログラム化できる定型業務は、ＡＩに取って代わられる

ＳＦのような話をする人は、「ＡＩには、こんな恐れがある」と言うが、そういう恐れが起こらないようにプログラムを組めばいい。懸念があるなら、懸念をつぶすプログラムを考えれば解決する。

それでもＡＩを恐れるのであれば、電源を切ってしまえば、それでお終《しま》いだ。私の

パソコンでも、おかしくなったらボショッと電源を切る（笑）。ハードディスクがクラッシュすることがあるからあまりやりたくないが、電源を切れば、もうプログラムは動かない。強制的に電源を切れば終わりである。

まやかしのＡＩ論には騙されてはいけない。

ＳＦのような話はやめて、現実のＡＩについて考えるべきだ。ＡＩが人間を超えることは当面ないが、人間の仕事の一部を奪うことは十分にあり得る。そちらを心配したほうがいい。

コンピュータの優れている点は、計算能力だ。人間よりコンピュータのほうが計算は得意である。その能力が生かしやすいのは、定型的な作業、ルーティンの作業だ。

チェスや囲碁などルールが決まっていてルーティン的なことをくりかえすものは、プログラム化しやすい。「場合分け」をして、何手先まで読むかということは、計算能力の高いコンピュータのほうが体力的にも限界のある人間より優れている。そういう分野は、ＡＩが人間を超えていく。

自動車の運転も、基本的には定型作業だからプログラム化できる。地図上のデータ、センサーからの三次元のデータを入力して、コンピュータに認識させる。人間は運転するときに二つの目で認識するけれども、センサーを増やせば、多くの目で認識できて、人間の目よりも安全性を高められる。こういう分野はＡＩに置き換わる。

解けないと言われている数学の証明問題を解くのは、当面の間、ＡＩには無理だろう。なぜかというと、解けるように人間がプログラムしなければいけないからだ。プログラムが書けるということは、その証明問題はもう解けているのと同じだ。

芸術分野についても、ＡＩでかなりのことができる。人間の目は騙されることが多いから、過去の様々な絵のデータを覚え込ませれば、人間の目をごまかすくらいの絵は描ける。音楽も、データをたくさん覚え込ませれば、かなりレベルの高い作曲ができる。

人間の声を録音しておけば、それを学習させて、死後にその人が生きているかのようにしゃべらせることもできる。人間の感覚はかなりいい加減だから、人間の五感を騙すくらいのレベルは簡単である。ダッチワイフやラブドールなどが、人間の女性と変わらないルックスや「機能」を持つようにもなってくるだろう。風俗嬢が失業することもありうるかもしれない（笑）。

ＡＩに感情を持たせるのは難しいけれども、感情の定義をして、その定義をプログラム化すれば、人間の感情に似せることくらいはできる。ただし、プログラムに書かれた範囲内の感情しか持てない。

知的職業に見える弁護士の業務はＡＩ化しやすい

ともあれ、定型的な業務はプログラム化しやすいので、ＡＩに取って代わられる可能性が高い。

弁護士、公認会計士、税理士などの「士」のつく「サムライ業」こと「士業」は、難しい国家試験を受けて合格しないとなれないので、専門職のように思われているが、やっている仕事の多くは定型的な業務である。「士業」の業務の多くは、プログラム化できる。今後「士業」はＡＩ化されていくのではないだろうか。

たとえば、弁護士は依頼者から「これは、法律的にどうなのか」と聞かれる。弁護士は、法律知識をもとに過去の判例を調べたりして、法的な助言をする。人間には、過去のすべての判例を調べることは難しい。時間的にも能力的にもまず無理である。

しかし、ＡＩには簡単な作業だ。大量の判例データベースの中から、似たような判例を探し出してきて分析して、法的な対応策を提示できる。ＡＩなら、それをわずかな時間でやってしまう。

裁判官の仕事もかなりＡＩ化できる。ほとんどの裁判は、過去の判例に基づいてやっているから、ＡＩでおよそのことは判断できる。有罪か無罪か、どの程度の量刑にするかは、ＡＩのほうが恣意や忖度を挟《はさ》まずに公平に結論を出してくれる。ＡＩの結論をそのまま採用するかどうかはともかく、裁判官の業務のうち、多くのことはＡＩに任せてしまうことができる。

税理士もＡＩ化されていくだろう。昔は税務申告をするときに、税理士に頼む人が多かったが、今はオンラインのソフトで申告すれば終わってしまう。国税庁自らがつくってくれた国税庁御用達のソフトを使えば、税理士はもはや必要ない。

「士業」の仕事は、プログラム化できるくらいの単純な作業が多いのだが、資格制度にして、資格要件を満たさない人間にはその業務を禁じてきた。参入障壁を高くして、自分たちの存在価値を高めてきたのである。

しかし、守ってくれていた障壁は技術の進歩で崩れてきた。今後は、もっと崩れていくだろう。知的な仕事をしていると思い込んでいる「士業」の人たちは、「我々は、ＡＩでもできるこんな単純作業をしていたのか」とショックを受けるのではないかと思う。

医者の世界でも、ＡＩ化は進んでいる。画像診断はすでにＡＩのほうが人間の能力を上回っているとされる。手術支援ロボットの技術も進んでいて、手術の世界も変わりつつある。医者の中でも生き残る人とそうでない人に分かれていくと思う。

銀行の融資業務は、ＡＩ化が一番簡単

最近、大手銀行が人員削減や業務削減を打ち出し始めた。新卒採用も減らしている。事務作業を減らして、営業に人員を回すというような話だが、いずれは営業職もＡＩ化されていくだろう。そもそも、銀行の融資業務ほどＡＩ化しやすいものはない。融

資業務はほぼ定型業務である。

昔は、「人を見て貸す」などと言われていたが、現実にそんな融資をしている人はほぼいない。

企業に貸す場合には、財務諸表や担保などを分析して決めている。必要なデータを入力すれば倒産確率というものを計算できる。その数字をもとに融資するかどうかを決めればいいのだから、プログラム化は比較的簡単である。融資担当者の多くは要らなくなるだろう。

個人への貸し付けも同じだ。「『むじんくん』の裏には人間がいた（笑）」というような話が、ネタとして話されることがあるが、ローンは自動で判断できる。

個人向けローンはだいたい要件が決まっている。どの会社に何年勤めていて、年収がどのくらいあるかというデータを入れれば、データベースをもとに「このくらいの確率で返済ができる、できない」ということを計算できる。

職業別に言うと、公務員は返済確率が高いと判断される。他のローン会社でたくさんの借金をしている公務員は別だが、普通の公務員が勤務先を入力して、年収を入力すれば、一定額はすぐに貸してもらえるはずだ。

金融機関の人が裁量で決めているわけではなく、データに基づいて返済確率が計算されて、判断されているからだ。

企業向け、個人向けともに、融資業務の大半はＡＩ化、自動化可能だ。融資担当の銀行マンを大幅に減らすことができる。

人気テレビドラマ『半沢直樹』（ＴＢＳ系）では、銀行マンに、ものすごく裁量があるかのように描かれていた。

悪徳銀行マンと、すごくいい銀行マンがいて、両者が対立することで、面白いドラマになっていたが、そういう世界はなくなっていく。ＡＩが機械的に処理するだけだから、悪徳銀行マン、いい銀行マンの裁量が入り込む余地はない。誰に対しても公平に融資判断が行なわれる。

とはいえ、そういうプログラムというのは人間がつくるものだから、その中に、従来通りの（？）恣意的な要素を入れておくことはできる。融資に対して厳しめのプログラムにしたり、緩やかなプログラムにしたりすることは可能だ。プログラムをつくる人の思いが入り込む余地はある。

役所の許認可は、AIのほうが完璧にこなせる

このようにAIを使えば、世の中の多くの仕事を代替させることができるが、ポイントは、プログラム化できるかどうかだ。

曖昧な仕事は、プログラム化できないのでAIに代替させることは難しいが、仕事の中身を定義できるものは、プログラム化できる。

公務員の仕事というのは、基本的には「法律に基づく業務を執行する」というものであるから、プログラム化しやすい。AIのほうが、恣意的な要素を入れずに誰に対しても同じ計算をするので、人間がやるよりも公平になる。公務員の仕事はAI化に向いている。

許認可の仕事も、AIでやるのが一番いい。モリ・カケ騒動のように、官庁による許認可に依怙贔屓があってはいけないから機械にやってもらう。

人間がやると、依怙贔屓をするつもりはまったくなくても、処理する順番が前後してしまうことがある。それが国民からの疑義を生む。「うちのほうが先に申請したのに、何であっちが先に認可されたんだ！　何か裏があるんじゃないか」などということになりかねない。ラーメンとツケメンだとツケメンが手間がかかるから、先にツケメンを注文しても後から注文したラーメンが早くできるなんてことがあるが、ＡＩなら、申し込み順に機械的に処理するからみんなが納得しやすい。

許認可というのは、裁量性の幅があるように思われているが、実際には要件を決めてそれに合致しているかどうかを見ているだけだ。裁量性の幅はないというのが現実である。それでも人間がやると疑われるので、それならばＡＩに全部やってもらったほうがいい。そうすれば、許認可に関わる公務員は大幅に減らせる。

日銀の金融政策は、ＡＩで自動運転できる

「日銀の仕事はＡＩ化できますか」と聞かれることがあるが、もちろんできる。総裁

以下、委員はロボットでもいいかもしれない（笑）。ＡＩ化できないと思っている人は、日銀の仕事の中身をわかっていない人だ。仕事内容がわからなければ、プログラム化はできない。

では、「日銀の仕事は何？」と聞かれて答えられるだろうか。マスコミの人に聞くと、答えられないことが多い。経済専門の記者でも答えられない。

日銀の仕事はけっこう簡単に定義できる。失業率とインフレ率の関係を一番いい状態にする。それだけだ。具体的には、失業率が一番低く、インフレ率が一番低い状態を目指す。

失業率とインフレ率がどう動くかは、ほぼ計算できる。フィリップス曲線という線上を動くことがわかっている。

左図表を見てほしい。ヨコ軸にインフレ率、タテ軸に失業率をとっている。図に表示された曲線がフィリップス曲線だ。失業率が下がっていくにつれて、インフレ率が上がっていくことを示している。現実の経済は、ほぼこの線上を動く。

しかし、失業率はある一定のところまで下がると、それ以上には下がらなくなる。

マクロ政策・フィリップス曲線

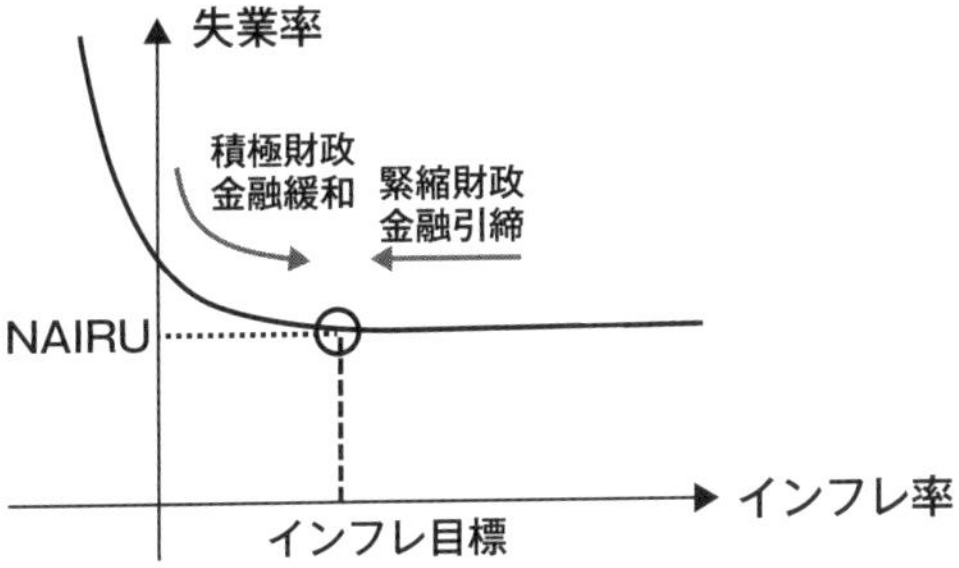

雇用のミスマッチがあるので、失業率はゼロにまでは下がらない。たとえば、世の中にＩＴ関係の求職がものすごく増えたとしても、それにマッチする人ばかりではない。他の仕事ならできるがＩＴの仕事はできない人もいる。求職がものすごく増えているのに、失業者がいる状態が起こるから、失業率はゼロにはならない。

国によって失業率の下限の値は違う。下限の値をＮＡＩＲＵ（Non-Accelerating Inflation Rate of Unemployment. インフレ率が加速しない失業率）という。

失業率をＮＡＩＲＵ以下に下げようとしても下がらない。そういうことをしようとすると、インフレ率が加速度的に上がっていってしまう。それはムダなインフレ率なので、失業率が一番低く、インフレ率が一番低い状態を目指すというのが、どの国もやっている政策である。

前頁の図で言うと、丸で囲んだ地点である。

失業率の下限（ＮＡＩＲＵ）は計算することができる。国によって違いがあるが、日本の場合は、失業率の下限は二・五％くらいだ。失業率が二・五％になったときに一番低いインフレ率を計算すると二％となる。

日本のインフレ目標が二％になっているのは、ＮＡＩＲＵのときのインフレ率が二％だからだ。「インフレ目標二％」という数字は、適当に決めているわけではなく、計算によって算出されている。二％以上のインフレ率は、日本にとってはムダなインフレ率となる。

ＮＡＩＲＵの状態、つまり「失業率二・五％、インフレ率二％」が経済政策の目標である。アメリカの場合は、ＮＡＩＲＵは四％くらい、そのときのインフレ率は二％。アメリカが目指しているのは、「失業率四％、インフレ率二％」だ。

ＮＡＩＲＵになると、完全雇用に近い状態で人手不足になるので、賃金が上がり始める。だから、各国はＮＡＩＲＵを目指している。

日本の場合は、ＮＡＩＲＵになると、だいたい四％くらい賃金と可処分所得が上昇する。それが着地点である。

失業率が高く、ＮＡＩＲＵにまで下がっていないときには、金融緩和や積極財政をすると、失業率が下がっていく。ＮＡＩＲＵにまで下がった場合は、政策を変えないと、失業率が下がらずにインフレ率だけが加速度的に上がってしまう。インフレを抑えるためには、金融引き締め、緊縮財政が必要になる。

簡単に言えば、「ＮＡＩＲＵまでは、金融緩和、積極財政。ＮＡＩＲＵに達したら、金融引き締め、緊縮財政」だ。

こんなシンプルなことなので、ＡＩ化は簡単だ。タクシーの自動運転と同じようなものだ。タクシーに「どこそこまで連れて行ってくれ」と言うと、機械が「はい、わかりました」と答えて自動的に連れて行ってくれる。経済政策もＡＩに「ＮＡＩＲＵまで連れて行ってくれ」と言うと「はい、わかりました」と答えて連れて行ってくれる。

現在は日銀委員の多数決によって金融政策が決められているが、そんなことをする必要はない。「経済政策は、失業率とインフレ率だけ」と割り切って定義をすれば、ＡＩ化は簡単にできる。

日銀の委員の中には、金融機関出身の人もいる。そういう人たちが、金融機関寄りの意見を言うと、話は変わってくる。「金利を下げると、金融機関が影響を受ける」などという話が入ってくると、プログラムが複雑になる。

金融機関にとっては、失業率は二の次だ。儲けることが最優先である。そういう個別業界の利害を政策に反映させていくと、どんどん複雑になって、わけがわからなくなる。

「みんなが職に就けて、一番物価が低い状態を目指す」というのは、ほとんどの経済学者が合意する目標である。実際、先進国はみな、NAIRUを目指して経済運営をしている。「失業率とインフレ率だけ」と単純なプログラム定義をすれば、日銀のAI化は簡単である。

AIによって、メディアは要らなくなっていく

「本が売れなくなった」と言われて久しいが、AI時代になると、出版業界も大きく

変わってくるだろう。

本をつくること自体には意味があるが、これまでのように多くの人がよってたかってつくる形ではなくなる。

文章を分析するテキスト・マイニングという技術が進んでいるので、過去の文章データベースを読み込ませて、「こういう内容の本をつくれ」と指示をすれば、それなりの原稿が出力されるようになる。たとえば、私が書いたこれまでの本を全部読み込ませて、「こんなふうにつくれ」と指示を出せば、私の原稿の特徴を見つけて、私が書いたかのような原稿が出てくるだろう。

あとは、新しい内容を機械に向かって話せば、それを文字に直してくれて、原稿にまとめてくれる。過去のデータと新しい内容を入れて、本の原稿ができ上がる。

文章のテイストを変えることもできる。「若者向けにしろ」とか、「雑誌記事風にしろ」とか「ですます調にしろ」とか指示すれば、それっぽい原稿ができる。

機械による原稿ができたら、著者の私と編集者が読んで、おかしなところを直せば終わりである。

ＡＩ化がさらに進むと、読者一人ひとりに向けた個別の本もつくれるようになる。今は、編集者が著者と読者の間に入って、読者が読みたくなるような本に編集して届けているが、ＡＩは個別の読者にそれをやれる。電子本ならさらに簡単だ。

同じ著者の本でも、読者によって読みたい部分は違う。読者のニーズに合わせて、個別に読者専用の本をつくることもできる。コンピュータというのは、そういうマッチングを得意としている。

小売りの世界では、似たようなことがすでに起こっている。コンピュータが、数ある商品の中から消費者のニーズに合った商品を探してきて、それを消費者に推奨する。仲介業者がやっていたことをコンピュータがやってくれて、売り手と買い手がダイレクトにつながる世界だ。

今から二十年くらい前に、ネットオークションを提供するイーベイが出てきたときに、私は、経済学で言うところの完全市場に近いものができるのではないかと思った。間に入る人がほとんどいなくて、生産者と消費者が同じレベルでダイレクトにつながる。技術的にそういうことが可能になったからだ。

ネット上のフリーマーケットのメルカリも同じような形態だ。自分の持っている物を出品して、欲しい人が買う。ダイレクトにつながるので、間に入る人が付加価値をつけにくくなって、問屋のような存在意義が減ってきている。

報道の世界でも、間に入って伝えていたメディアは不要になりつつある。情報を求める人は、直接、官公庁や外国の情報ソースにアクセスできる。現在の形態のメディアは、十年後、二十年後にはなくなっていてもおかしくはない。

ＡＩ化できない世界があるから、人生は面白い

昔は、銀行に就職できると、「いいところに入ったね」と言われたが、これからはどうなるかわからない。大学生の人気企業ランキングで上位の企業が、三十年後にも生き残っているとは限らない。弁護士や会計士、税理士などの士業も、どうなるかはわからない。

定型的な業務はどんどんＡＩ化されていくはずだ。そういう職種のすべてがなくな

るわけではないが、大幅に少ない人数でできるようになる。一方で、ＡＩ化するのが難しく、人間でないとできない仕事もある。

就活する学生から「今後、どんな業界が伸びそうですか？」と聞かれることがあるが、私にも答えはわからない。「こうなりますよ」などと言えば、嘘になると思う。ＡＩ化が進んだ場合のことをある程度は予測できるだけである。

どんな業界に入ったとしても、運・不運というものもある。運は、コントロールすることができない。日本で生まれたのも運だし、北朝鮮で生まれても、それは運である。運は自分ではどうしようもないので、受け入れていくしかない。

ＡＩ時代に仕事はどうなるのか。会社はどうなるのか。いろいろとわからないことが多いが、わからないからこそ、人生は面白い。要は自分の好きなこと、得意なこと、それを活かせる分野に進むことだ。そう思って生きていけば怖いものはないだろう。

第4章

仮想通貨が消えても、ブロックチェーン技術は生き残る

私の「ビットコイン」は、消えてしまった

仮想通貨の「ビットコイン」が世の中に出てきたころ、私はビットコインについての論文を読んだ。ナカモトサトシさんという日本人名が書いてあったが、私が読んだ限りでは、日本人の書いた英語ではないと思った。論文を書いたのは外国人ではないだろうか。

論文を読んで、ビットコインが数学的な仕組みで成り立っていることを知り、とても興味を持った。注目したのは、ビットコインというお金そのものではなく、そこに使われている「ブロックチェーン」という技術だ。

ブロックチェーンというのは、取引台帳がたくさんのコンピュータに分散されている仕組みである。多数のコンピュータに分散されて保存されているため、データがなくなってしまうことがない。

また、誰かがデータを偽造をしようと思ってもまず不可能だ。他のコンピュータに

保存されているデータと整合性がとれなくなってしまうからだ。

分散されて保存されているデータの整合性をチェックをするためには、計算が必要になる。その計算は莫大な量になり、一台二台のコンピュータで計算できるものではない。計算量が必要とされるため、たくさんのコンピュータが使われる。

自分の持っているパソコンを、計算のために貸してあげる協力者たちもいる。計算のお手伝いをすると、ほんの少しだけご褒美としてビットコインをもらえる。そのご褒美がビットコインの「新規発行」になる。これは、マイニング（採掘）と呼ばれている。

マイニングで新規発行されるビットコインは小さな額だが、それが積み重なれば、ある程度のまとまったビットコインを手に入れられる。現在は、一ビットコインを手に入れるには、かなりの計算量の協力が必要になる。

私は、ブロックチェーン技術に興味を持ったため、ビットコインが始まったころに、空いているパソコンを使って、マイニングの協力をした。当時は、性能の低いパソコンでも手伝うことができた。

そのころは、一ビットコイン＝一ドルにもなっていなかった。それからビットコインは大きく値上がりし、二〇一七年十二月には、一時期、一ビットコインが二万ドルを超えた。

マスコミでもビットコインが大きなニュースになった。私がビットコインを持っていたことを人に話すと、「かなり儲かったでしょう。何十億円にもなっているんじゃないですか」と言われた。

確かに、私の持っていたビットコインは莫大な金額になっていたと思う。しかし、古いパソコンを使っていたため、パソコンのハードディスクがクラッシュしてしまって、結局ビットコインはなくなってしまった。

コールド・ウォレットといって、外に引き出すこともやったことがあったが、暗証番号を忘れてしまった。ビットコインを持っている人の多くは、取引所で自分の口座をつくってビットコインを購入している。そういう人のビットコインはいいが、マイニングをして自分のパソコンにしかビットコインを持っていない人は、ハードディスクが壊れたら終わりである。

私がマイニングを手伝っていたころは、まだ取引所はなかった。そもそも私はビットコインを得るために手伝っていたわけではなく、数学的な興味からやっていただけだ。取引所でお金を払ってビットコインを買ったのなら大損をした気分になるだろうが、もともとゼロの状態で、形式的にビットコインを得たことになっていただけなので、儲け損ねたとは思っていない、と強がりをいっている。

仮想通貨に使われるブロックチェーン技術がすごい

「仮想通貨は、フェイクマネーですか」と聞かれることがあるが、これは定義の問題である。仮想通貨というのは単なるデータに過ぎない。

データが決済手段になり得るなら、意味があると思う。しかし、現在の仮想通貨はほぼ投機の対象となっている。価格変動が大きく、決済手段には使いにくい。通貨の価格が翌日になると、大きく下がったり上がったりしている。変動が大きすぎて、カードの〝ポイント〟みたいな疑似マネーとしての決済手段としては用を為さない。投機対象となってしまった仮想通貨は、社会的な意味はほとんどなくなっている。

ただし、仮想通貨に使われているブロックチェーンの技術は別である。「仮想通貨＝ブロックチェーン」と誤解している人がいるが、ブロックチェーンは仮想通貨の構成要素の一つに過ぎず、仮想通貨以外にも応用して使える。

台帳を分散させるというブロックチェーンの技術はすばらしい技術である。仮想通貨というものが消えたとしても、ブロックチェーン技術は残るだろう。

たとえば、分散的に台帳をつくる技術は、政府の仕事にはかなり使える。まず土地建物の登記だ。現在は登記簿の台帳が集中管理されているが、ブロックチェーン技術を使えば分散的に管理できる。

分散化された台帳のどこかでデータを間違えると、他のところでチェックできるから、より正確に保存できる。登記を担当している法務省の法務局はほとんど人が要らなくなる。自治体で戸籍の担当をしている係の人も要らなくなる。ブロックチェーン技術を役所に使うと、相当な行革ができる。これを言うと、公務員の人に嫌がられてしまうが。

二〇〇七年に、年金記録の不備が騒がれたことがあった。台帳に記録されていないものもあり「消えた年金記録」などと呼ばれた。人為的なミスなど、いろいろな要因で年金記録が残っていないものがあることが判明したが、年金台帳もブロックチェーン技術で分散管理が可能だ。ブロックチェーンで記録しておけば、間違いがあってもチェックできるので、より安全に管理できる。データが改ざんされるとバレてしまうから、年金記録だけでなく、行政機関の記録にもブロックチェーンは使える。昨今話題の公文書の改ざん防止にもなる。

台帳が分散されると個人情報が漏れてしまうのではないかと心配する人もいるが、データは暗号化されており、分散された台帳を見ても個人情報はわからないようになっている。そこがブロックチェーン技術の優れた点だ。

登記、戸籍・住民票、年金記録など、役所には台帳で管理するものが多々ある。ブロックチェーン技術を役所の台帳に使えばメリットははかりしれないほど大きい。中央集権的に記録をして間違いを起こすくらいなら、分散して記録したほうが間違いが少なくコストも安上がりである。

私がビットコインに興味を持ったのは、論文を読んだときに「これは、美しい技術だ」と思ったからだが、「ブロックチェーンの技術が美しいからやっていた」と言ってもなかなか理解してもらえない。「何言ってるの。お金儲けのためにやっていたんでしょう」と言われる。人間って、浅ましくて嫌だなと思った（笑）。お金のことにしか目が行かないのかもしれない。

ブロックチェーンのような美しい技術はめったにない。帳簿を中央集権的に管理せず、分散的に管理する。データに間違いがあると誰かがチェックしてくれて、間違いがわかるようになっている。データは暗号化されていて、個人情報はわからない状態で管理される。

文系の人には「技術が美しい」という感覚は理解できないかもしれない。でも、世の中にはいろいろな美しさがある。桜を見ても、美女のヌード姿を見ても美しいと思うが、技術を見ても美しいと私は感じる。技術を見てワクワクし、「こんな美しい技術があるのか」と、コーフンを感じることができるだけでも、私は理系で本当に良かったと思う。さまざまな「美」を知ることも知的生活の上で大切だ。

仮想通貨は、税金が心配という人も

現在、仮想通貨は一千種類以上ある。それらは、基本的にはみなナカモトサトシさんが考えたシステムのコピーだ。ブロックチェーンという基本的な性格は同じで、少しずつコピーの中身を変えている。

仮想通貨取引所のコインチェックで、約五百八十億円分の仮想通貨「NEM」が不正に引き出される事件があった。

仮想通貨はブロックチェーン技術を使っているので、ブロックチェーン上に記録が残っている。「NEM」の取引もブロックチェーン上に公開されている。不正に引き出された資金を追跡するために、「NEM」が不正送金された先のウォレットアドレス（口座番号のようなもの）にマークをつけて、そこからどこに資金が移動したのかをずっと追跡もされた。そのアドレスから送金された「NEM」にはマークが付いているので、どこかの取引所で換金しようとすると足が付く。きちんとした取引所は口座をつくる際に本人確認しているので、誰が引き出したのかわかるというわけだ。

しかし、闇サイトで換金されてしまうと、お手上げである。闇サイトの口座の持ち主は特定できないので、逃げ切りを許してしまう。不正に搾取《さくしゅ》されたお金がAという口座に入金されたことがわかったとしても、A口座の所有者の本人確認がされていなければ、所有者を特定できない。引き出されて持って行かれたら、そこから先は追うことはできない。

仮想通貨は、どこの口座に流れたかまでは完全にトレースできる。しかし、闇サイトの口座を使われて、換金されて逃げられてしまうと、お金が戻ってくることはない。極端なことを言えば、不正に入手した人が共産圏の人に所有権を売って、その人が一切身元を明らかにしなければ、すべてのお金が奪われてしまうのと同じだ。実際、「NEM」はほとんどが消えたと言われる。

コインチェックは「NEM」の保有者二十六万人に対して、日本円で返金を実施するとした。お金は戻ってきたとしても、保有者には、大きな、新たな〝災難〟が待ち受けている。税金支払いである。

仮想通貨による儲けは雑所得に当たる。儲かった額によるが、地方税を含めると、三〇％、四〇％といった税金がかかってくる。分離課税の約二〇％と比べるとかなりの税金を払わなければいけない。

仮想通貨の保有者の中には、これまで税務申告をしていなかった人も多い。税務署としては、保有者がわからないので、やりようがなかった。

しかし、コインチェックに金融庁の検査が入ったときに、金融庁に顧客二十六万人のリストを出していたとしたら、税務署も「金融庁に出したリストと同じリストを出しなさい」と言える。何もないときに取引所に行って「顧客リストを出せ」と言うのは難しいが、今なら、コインチェック側は「リストはありません」とは言いにくい。税務署にとっては、非常においしい〝ブラックリスト〟だ。

税務署は今回のことをきっかけに、仮想通貨保有者の税逃れを厳しくチェックしていくことになるだろう。仮想通貨について調べるだけではない。他の所得もすべて調べあげる。

仮想通貨を持っている人には、芸能人や有名人などが多いとされる。そういう人たちは、仮想通貨以外のすべての所得も細かく調べられることになるので、戦々恐々となるかもしれない。

仮想通貨業界には、怪しげな業者がいっぱい

仮想通貨で一億円以上儲けた人が「億り人（おくりびと）」と呼ばれて、マスコミで取り上げられた。それにあおられて仮想通貨を始めた人もいると思う。有名タレントを使ってＴＶでも広告が流れた。

私は、「仮想通貨」や「ＡＩ」をやたらと持ち上げる人は、幻想を抱かせるだけの人と見ているが、山っ気のある人は、それにひっかかりやすい。

実は、私のところにも、何度となく仮想通貨についての講演依頼があった。打ち合わせで話を聞いたときに、私を「広告塔」にしたいんだろうなと思ったから断った。打ち合わせのときに、相手はやたらと仮想通貨と法律の話をしてくれと強調していた。そこが非常に怪しかった。おそらく、私が講演で法律の話をすれば、仮想通貨の営業

担当者は、「髙橋さんが言っていたように、我々の業界は法律で認められていますから」などと、ねじ曲げて言うに違いない。

破格の講演料を提示してきたし、講演の前後を見たら、歌謡ショーなどが入っていた。これはどうみても怪しい（笑）。一流ホテルで、金に余裕の少しあるジジババを何百人も集めて、高価なお土産まで渡すようだった。

話を持ってくるのはエージェントのような人だったが、「こういう怪しげなことをやっている人たちがいるんだな」と思った。

コインチェックのテレビCMに出ていた出川哲朗さんが、流出事件の後にバッシングを受けた。気の毒だと思ったが、出川さんの場合は「よく知らなかった」と言うこともできるだろう。

しかし、私のような経済評論で食っている人間が広告塔になってしまったら、「よく知らなかった」という言い訳は許されない。安易に講演依頼を受けなくてよかったと思う。

私は、山っ気のある人をある程度は容認するほうだ。多少のいかがわしい人たちがいないと世の中は進展しない。けれども、そこに自分がコミットするのはちょっと嫌である。

今後、仮想通貨に対する規制は厳しくなると予想される。二〇一八年三月のブエノスアイレスで開かれたG20でも規制強化が決まった。多くの国は仮想通貨を事実上禁止し始めている。

投機の対象となっている仮想通貨はなくなっていくかもしれないが、現金に裏付けられている電子マネーに似た形の「仮想通貨」なら残るだろう。現金決済の代わりになりうる、大手銀行による「仮想通貨」のようなものは生き残る可能性が高い。

投機も財テクも、素人は手を出すな

だが、すでに投機の対象となっている形の仮想通貨には手を出すべきではない。また、資産運用と呼ばれるものにも、手を出さないほうがいいと思う。

資産運用で利益を得ようとするのは甘い考えだ。定年後に、老後のための資産を増やそうと考える人がいるが、金融機関のカモになりかねない。運用で増やそうなどと思わないほうがいい。

退職金として、二千万円、三千万円をもらうかもしれないが、それを余裕資金と思って運用に手を出すと失敗することが多い。金融機関に退職金の運用について相談すれば、喜んで色々な商品を紹介してくれるが、向こうは「カモがネギをしょってやってきた」と思って、根こそぎ持って行こうとする。でも、たぶん、元金は減って、がっぽりと手数料をとられるだけであり、自分が望んだように資産が二倍、三倍と増えることはないだろう。

そもそも、脂の乗った六十歳までに数千万円しか貯められなかった人が、その後の人生で何千万円も増やせると思うほうがおかしい。もっと世の中の実態を知ったほうがいい。

退職時点で十分なお金を持っていない人は、運用には手を出さないことだ。下手に手を出すと失敗する確率が高い。

一つの基準として、税務署に確定申告をするときに、「財産債務調書」というものを提出しているかどうかで決めるといい。「財産債務調書」を出す基準対象は、現金、株、土地などの資産の合計額が三億円以上の人たちだ。税務署も、全資産が三億円くらいないと相手にしようとしないということだ。税務署にも相手にされないレベルの資産額ならば、「資産運用」などという言葉は、忘れたほうがいい。

金融機関にとっては、資産三億円以下の人たちはまさにカモである。三億円以下の場合は、金融機関の口車に乗らないようにして、そのまま銀行預金にしておくべきだ。財テクで儲けようとするよりも、働けるなら、定年後にも働くほうがいい。働ける口を見つけて、仕事をしてお金を得るほうが賢明だ。

三億円ぐらいの資産があるなら、現金でも数千万円を失ってもいいという覚悟で、ハイリスク・ハイリターンを狙ってもいいかもしれないが、それよりも、自分で会社を興して、自分の会社に投資をしたほうがはるかにいいと思う。財テクではどうせ稼げないから、同じお金を失うなら、自分のやりたいことに投資したほうが、万が一、失敗してもあきらめもつく。他人（銀行・証券会社）任せの運用で失敗するなんて愚かな選択だ。

財テクというのは、六十歳を過ぎて考え始めるような話ではない。四十歳くらいまでにたっぷり余裕資金をつくって、その一部を運用するというような話だ。そうすれば、定年のころまでに一定の額になっているかもしれない。

手数料狙いの金融機関のカモになるな！

私は、大蔵省の証券局で働いていたから、証券会社のことはかなり知っている。証券会社に乗り込んで営業活動のでたらめぶりを指摘したこともある。たとえば、バブル期には、証券会社の営業現場は損失補填を約束して株を売っていた。一部の営業マンたちは、名刺の裏に補填することを約束する言葉を書いて顧客に渡していた。

株価が上がり続けていたからリスクが隠れていたが、株価が下がったら大変なことになる。私は、証拠の名刺を持って証券会社の本社に行って、「営業担当者がこういうことをしていることをご存じですか？」と聞いた。本当に知らないのかどうかわからないが、損失補填の約束の件は知らないという。

「株価が下がったときに、一斉に損失補填を求められたらどうするんですか?」と聞くと、本社の人たちは青ざめていた。

営業担当者は、どんなことをしてでも成績を上げたいから、こんなふうに暴走することがある。営業担当者の心理は、バブルのときも今もそう変わらない。

証券会社はあの手この手を使って、甘い言葉で勧めてくるだろうが、彼らのビジネスは、基本的に「手数料ビジネス」だ。顧客が資産を増やそうが減らそうが、手数料は必ず入ってくる。

私の友人で証券会社に入った人間は、すごくいい奴だった。そのせいか、良心の呵責に耐えかねて、すぐに辞めてしまった。人をダマすのに耐えられなかったのだ。証券会社にずっと勤めている人は、割り切ってやっている人か、相手に恨まれないほどの人徳をもった例外的な人ではないかと思う。

かつては、銀行はジェントルマンの仕事であって、証券会社とは違うと言われていたが、最近の銀行は、融資で稼ぎにくくなってきたから、投資信託や生命保険を売る手数料ビジネスにはまっている。証券会社と似たような状況である。

銀行の担当者が投資信託を勧めてきたら、「そんなに儲かるなら、あなたはやっているんですか」と聞いてみたほうがいい。「規則があるからやっていません」と答えるかもしれないが、言い訳として使っているだけだろう。

投資信託というのは手数料の塊だ。購入時の手数料が無料の、ノーロードの投資信託もあるが、他に費用がかかることがある。手数料を考えると、かなりの値上がりがなければ投資信託ではお金は増えない。名目上での予想利回りが二〇％とか三〇％の数字に惑わされないようにすべきだ。

手数料の率を知ったら、生命保険はバカバカしくなる

日本では非常に多くの人が生命保険に入っている。これほど多くの人が生命保険に入る国は珍しい。

海外の事情を知らないから、「社会人になったら入るもの」、「結婚したら入るもの」「子供ができたら入るもの」と思い込んでいる。欧米では、保険に入る人はいるが、

日本と違って死亡保障は重視されていない。

日本人は生命保険がどのくらいの手数料を取っているか実感的に知らないから、勧誘されるままに入ってしまうのだろう。私は、保険数理計算がわかるので、どのくらいが手数料になっているかを知っている。計算してみると、極端なケースでは、だいたい払う金額の半分くらいが手数料である。その手数料がセールスレディたちの給料になっている。

「保険は手数料が極端な場合には半分くらいだよ」と教えてあげると、みんなびっくりして「知らなかった。保険に入っているのがバカバカしくなってきた」と言う。納めた保険料の半分も手数料としてとられるくらいなら、保険料を支払わずに、自分で貯めて将来に使ったほうがお得である。

ネット運営など、人件費の少ない良心的な生命保険でも、二、三割は手数料だ。二、三割でも、もったいない。掛け捨て保険は手数料が一番高く、半分くらいが手数料。掛け捨て保険と投資信託のハイブリッドのような貯蓄性保険は、手数料がもう少し下がる。それでも一〇％くらいは手数料をとられる。こんなに手数料をとられる商品に多くの人がなんとなく入っているのだ。有利な資産運用手段であるかのように誤解している人もいるのだろう。

保険のセールスレディに「この保険の手数料は何パーセントですか？」と、一度聞いてみるといい。セールスレディでも知らないのではないかと思う。手数料のパーセンテージすら教えてもらえないのに、なぜ、そんな商品に入ることを決められるのか不思議で仕方がない。

保険のことを知ろうとしないから、「社会人になると、入らなければいけないもの」と思って入ってしまったり、「あなたが死んだら、奥さんはどうなるんですか。お子さんはどうするんですか」などと言われて、不安をあおられて入ってしまう。生命保険に入っていなくても、誰もが強制的に加入させられる公的な保険から、一定の遺族年金も出る。もう少し、保険について勉強してから決めたほうがいい。

金融庁の人と話をしたときに、「なぜ、保険会社に、掛け捨て保険の手数料を開示させないのか」と言ったら、相手は黙ってしまった。開示させたら、あまりにも手数料が高いことが知れ渡って、みんな保険に入らなくなってしまう。恐ろしくて、そんなことはできないのである。こういう分野こそ、窓口にAIを置けばいい（笑）。

日本の保険分野になぜ外資がたくさん入ってきているかと言えば、そういう状況を知っていて、日本人はカモだと思っているからだ。日本人は、保険の手数料のパーセンテージすらセールスレディに聞こうとしない。何十パーセントも手数料を取れて儲かるので、外資が参入してくるのだ。

「年金受給を七十歳からにすると四割増える」は当たり前

年金についてもよく理解していない人が多いが、数的な原理だけでも知っておいたほうがいい。

簡単に言えば、「納めた年金保険料」と「受け取る年金額」が同じになるように計算されて、設計されているのが年金である。九十歳まで生きるとすると、二十歳から六十五歳までの四十五年間に納めた年金保険料の総額と、六十五歳から九十歳までの二十五年間で受け取る年金額の合計が同じになるということだ。

六十五歳までに死んでしまう人はもらえないが、その分は九十歳を超えて長生きした人に回されるというようなイメージだ。平均寿命まで生きる人は、納めた保険料と受け取る年金額がトントンになるように設計されている。

四十五年間の分を二十五年間で受け取るから、納めた期間の半分くらいの期間で受け取ることになる。したがって、年金額は毎月納めている額の二倍弱くらいになる。月々六万円（労使折半だから、自分が納める額は三万円）の年金保険料を納めていると、将来受け取れる年金額は月々十二万円くらいになる。

「受給開始を六十五歳より遅らせると上乗せがある」というような甘い言葉に騙されてはいけない。受給開始を七十歳にすれば、受け取る期間が五年間短くなるから、月々の年金額が増えなければ辻褄が合わなくなる。

「六十五歳からの受給を七十歳からにすれば、一カ月四十二％増える」と報道されているが、当たり前である。男性の場合は平均寿命は八十一歳。六十五歳から受け取れば、十六年間受け取ることになるが、七十歳から受け取ると、受給期間は十一年になる。十六を十一で割れば一・四五。毎月四十五％くらいアップするのは当然である。

得をしているわけではなく、計算上そうなるだけだ。「朝三暮四」の世界だ。

あくまでも、生涯にもらう総額は同じである。もし六十五歳より前から受け取りを開始したいというのであれば、受け取る期間が長くなるから、当然、月々の年金額は少なくなる。

年金というのは、計算式で算出される極めてメカニカルな世界である。平均寿命まで生きる人は、早めに受給を開始しようが、受給開始を遅らせようが、得もしないし損もしない。そういうふうに設計されているのが年金である。年金において、損をするのは平均寿命より早く亡くなった人、得をするのは平均寿命より長く生きた人である。

年金に情緒論は通用しない。「こんな少ない年金額ではやっていけない」と言う人がいるが、月々受け取る年金額を増やしたいのであれば、現役時代に毎月支払う年金保険料の額を増やさないといけない。現役のときの負担が増えてもいいのであれば、将来もらえる年金は増える。現役のときの負担額を減らしたいのであれば、将来もらえる年金額は減る。「払った総額」と「もらえる総額」は、イコールである。そういうシンプルな仕組みになっている。「一＋一」は「二」みたいなもの。サルでもわかる仕組みだ（笑）。

「現役のときの負担は減らしたい。でも将来もらえる年金額は増やしたい」という年金制度はどこにも存在しない。

ベーシック・インカムは、最後は価値観の問題

最近、ベーシック・インカム（ＢＩ）についての議論が増えている。ベーシック・インカムというのは、「全国民に一定のお金を渡してしまって、好きに使っていいよ」というものだ。ＡＩの発展により、将来失業者が増えるから、そうした人々に対処するためにやろうという動きもある。

こうしたベーシック・インカムの制度がいいかどうかは、価値観の問題である。焦点になるのは、所得ゼロの人に、一定金額の補助をすることに対してどう考えるかだ。

生活保護の人への給付に関しても様々な意見が出ている。以前は、「生活保護の家

庭に冷蔵庫やエアコンがあるのは贅沢だ」という意見が出ていた。今は、冷蔵庫やエアコンのことを言う人はほとんどいないと思うが、「液晶テレビがあるのはけしからん」という意見はある。生活保護家庭の部屋がテレビ番組で映されて、そこに自分の家のテレビより立派な液晶テレビが置いてあるのを見て、不快な思いをする人もいる。一方で、「液晶テレビくらいは、いいのではないか」という人もいる。これは、価値観の問題である。

生活保護のお母さんが子供を抱えてテレビに映っていると「あら、髪の毛を染めている?」と思う人もいる。髪の毛を染めることくらいかまわないのか、それとも、生活保護の人が染めるのは贅沢なのか、これも見方の分かれるところ。生活保護の人も見た目は気にするし、少しくらいおしゃれをして心を満たしたほうがいいという考え方の人もいる。そういうことを議論し始めたら切りがない。

ベーシック・インカムも、「所得ゼロの人にいくら渡せばいいのか」ということは、価値観の問題となる。価値観で議論をしていくと、人間の感情面が吹き出してきてしまうことが多い。

社会保障と税

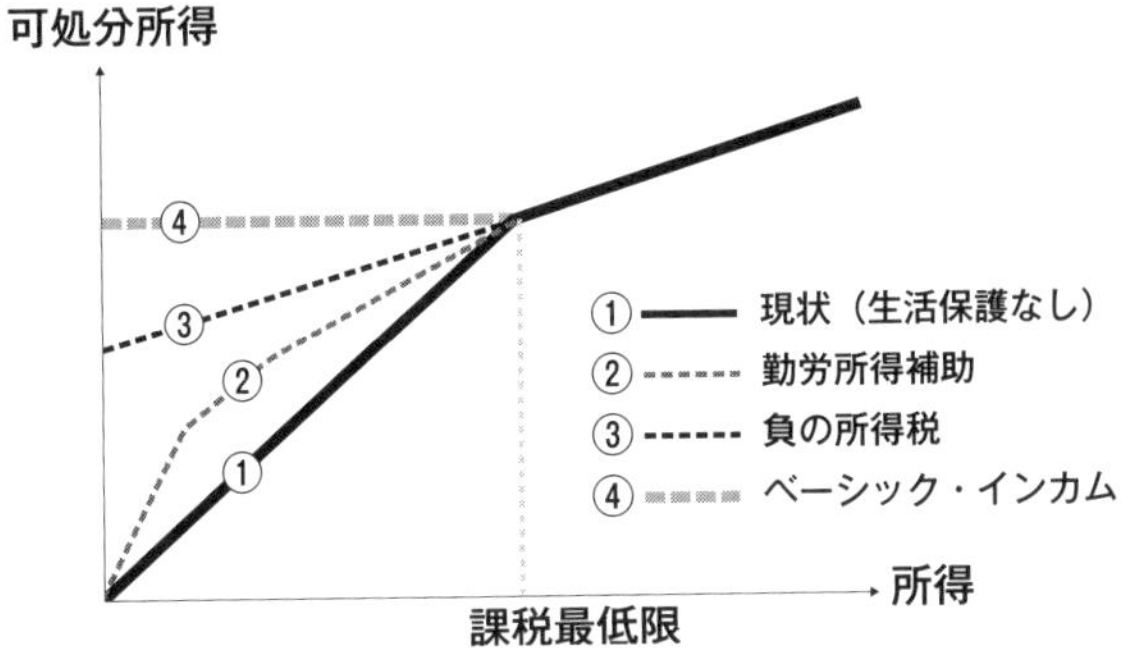

最終的には価値観の問題になるが、その前に、ベーシック・インカムの数理的な面も知っておく必要がある。国民全員にお金を配るには、どこかからお金を徴収しなければならない。

ベーシック・インカムと他の制度の違いを図で知る

ベーシック・インカムは、上の図で考えるのが一番わかりやすい。ヨコ軸は「所得」、タテ軸は「可処分所得」とする。

初めに「所得税がない場合」を見て、次に、「①現状（生活保護なし）」、「②勤労所得補助」、「③負の所得税」、「④ベーシック・インカム」の順に見ていく。

まず、税金がない状態を考えてみよう。収入が課税最低額以下でも以上でも税金がなければ、稼いだお金（所得）は全額使えるお金（可処分所得）になるから、図のように角度が四十五度の直線になる。稼いだ額に比例して可処分所得が増える。

次に生活保護がなく、一定所得以上で課税される場合、「①現状（生活保護なし）」を考えてみよう。その場合、課税最低額を超えた一定所得以上では可処分所得は所得より低くなるので、四十五度の直線より傾きが少なくなる。

次に、「②勤労所得補助」を見てみる。

所得が少ないときには、国から様々な補助をもらえる。所得よりも使えるお金が多くなるから、線は、四十五度の直線より少し上に行く。

一定所得以上の人は、税金をとられるので、所得より使えるお金のほうが少なくなる。線は、四十五度の直線より下に来る。所得が多くなるほど、税率が高くなるため、線の傾きは緩やかになっていく。つないでみると、②の勤労所得補助のような緩やかな曲線になる。高所得の人からとった税金が、低所得の人への補助に使われるというようなイメージである。四十五度の直線との差の部分の面積が低所得者に配られるお金の総額だ。実際に行われているのは、「勤労所得補助」という制度である。

次は、「③負の所得税」を見てみる。

負の所得税は、所得が高い人からは税金をとるが、一定所得以下の人は負の税金にする。負の税金というのは、国がお金をあげるということだ。図にすると、負の所得税の線になる。角度は四十五度より小さくなる。

最後は、「④ベーシック・インカム」。

これは、国民全員に一律にお金を配るので、線は水平に伸びる直線になる。低所得者は、まとまったお金をもらえるので、所得よりも可処分所得のほうが大きくなる。

高所得者は、税金を多くとられ、所得よりも可処分所得は低くなる。

基本的には、今説明した「①現状（生活保護なし）」、「②勤労所得補助」、「③負の所得税」、「④ベーシック・インカム」の四つの選択肢がある。

四つの違いは、所得ゼロの時点での大きさだ。この大きさは、所得ゼロでも使えるお金（可処分所得）を意味しているから、働こうというインセンティブ（誘因）につながる。これが大きい状態は、働いても働かなくてもお金をもらえるので、働こうというインセンティブになりにくい。

所得ゼロでの可処分所得について、四つの制度を比べてみると、「①現状（生活保護なし）」と「②勤労所得補助」はゼロ、「③負の所得税」はゼロではなくやや大きい、「④ベーシック・インカム」は一番大きい。ゼロが所得ゼロから脱しようというインセンティブが強く働くため、「①現状（生活保護なし）」が採られている。

現行の制度は、所得ゼロでも生活保護の仕組みがあり、お金をもらうことができるが、社会からの監視が厳しいので、実質的には、自由に使えるお金の額はゼロに近いところにあるのではないかと思う。要するに、「働ける人は働きなさい」という仕組みになっている。

「④ベーシック・インカム」の場合は、お金を渡してしまった後は、お金を何に使うかは自由である。働かなくても一定額はもらえるので、働くインセンティブは高まらないかもしれない。その場合に、お金を出す人が嫌になってしまう可能性がある。

働けるのに働かない人に対して、どの程度の補助をするかは、価値観の問題となる。

ベーシック・インカム導入で公務員は大幅に減らせる

ベーシック・インカムの話をする人の中には、概念の整理ができておらず、定式化できていない人が多い。お金が絡んだことであるから、数理的な観点を入れずに決めると失敗する。

どのくらいお金がかかりそうかがわかるはずだ。単純に国民一人あたり年間百万円とすれば、単純計算で百二十兆円になるが、一定所得以上の人には払わないなどの調整をすると、百兆円程度だろう。現行の制度は「現状（生活保護なし）」に生活保護費を加えたものだから、補助の総額が少ない。「ベーシック・インカム」にすると、現行の制度より補助の総額が増えるから、その分の財源が必要になる。

専門家と称する多くの人は、価値観やイデオロギーだけで議論している。数理的な視点がないベーシック・インカム議論は、時間のムダだと思う。だから、私はこの議論には興味がない。

「低所得の人がたくさんお金をもらえるようにせよ」と主張する人はいるが、それならばお金をどこから持ってくるのか。誰も払わないのに、多額のベーシック・インカムを出せる社会はない。

さらに言えば、お金を出す人が納得できるかどうかが重要だ。これまで以上に多くのお金を取られたら、不満が出るのは当然である。強い不満が渦巻く制度では、制度が安定しなくなる。

ベーシック・インカムを主張する人には左派系（左巻き）の人が多い。そこで彼らに「ベーシック・インカムを導入して、行政の縦割りをなくせば、関係している役所の部署はすべて廃止できる。その浮いた人件費をＢＩに回せるよ」と言うと、彼らは急にトーンダウンする。公務員の削減につながることには反対したいようである。左派には自治労などの政府系の労働組合関係者が多いからだろう。

もともと、ベーシック・インカムの発想は「行革」から来ている。縦割りでやっていたのを一つにまとめると、いろいろな部署を廃止することができる。国が一律にお金を渡してしまうから、福祉の現場で支払いの事務手続きをしている地方公務員は大幅に削減できる。生活保護の受給資格を判断する必要もなくなるから、それらの部門も必要なくなる。メリットもある。

公金支出はすべて仮想通貨に!?

ベーシック・インカムを導入するのであれば、仮想通貨を使うことも考えられる。仮想通貨にすれば、先の「ブロックチェーン」もあって資金の動きをすべてトレースでき、誰が何にお金を使ったのかがすべてわかるからだ。

ベーシック・インカムをもらう人は嫌がるだろうし、左派系の人はプライバシーの問題があると主張するだろう。

しかし、他人のお金、政府からの公金をもらっているのだから、ある程度は仕方がない。自分で稼いだお金ならば使途に匿名性があってもいいが、福祉としてもらったお金は「使い道をきちんとチェックすべき」という意見が出てくるのは当然だ。そうでないと、お金をとられる人が納得できなくなって制度そのものが成立しなくなる。

生活保護でもらっているお金をパチンコ屋はともかく風俗店に使っていたらひんしゅくをかうだろう。使い道を限定したクーポンを渡すこともできるが、クーポンは金券屋に売ってしまうとわからなくなる。

投機型ではない、銀行などが準備している価格変動のあまりない仮想通貨を使えば、使い道が明確にわかるからスッキリする。私は、頭の体操としては、ベーシック・インカムを、そういう仮想通貨で与える方法もあると考えている。

ベーシック・インカムに限らず、国の補助金はすべて仮想通貨でやるといい。そうすれば、使い道をすべてトレースできる。国民の税金なのだから、使い道を明確にすることは重要だ。

さらに言えば、「政治資金はすべて仮想通貨にしたほうがいい」とかねてから主張している。政治家個人が集めたお金は現行のままでいいが、政党助成金は税金だから、どこに使ったかわかるようにしておくべきだ。

政党助成金を仮想通貨にすれば、バーに飲みに行ったことも、エロ本を政策資料として買ったことも全部バレる（笑）。政治家は、自分勝手にお金を使えなくなる。

今は、銀行口座に振り込まれたお金が現金で引き出されると、何に使われたのかまったくわからない。領収書で使い道を確認するしかないが、領収書のごまかしなどが起こりうる。仮想通貨なら、領収書などなくても支出した相手先がすべてわかり、政治資金の使途がより透明になる。

「政治資金を仮想通貨に」と主張すると政治家はみな嫌がるだろう。使い道を透明にされたくないからだ。

私は、ODA（政府開発援助）も仮想通貨でやるのがいいと考えている。ODAは、間に入る商社がどのくらい抜いているのかがよくわからない。仮想通貨でやれば、はっきりとする。「バレるぞ」という抑止力になり、不適切な中抜きはできなくなる。相手国での使途もトレースできれば、相手国の一部権力者が勝手に使うことも抑止できて、ODAがより透明になる。

ブロックチェーン技術を使った仮想通貨は、資金トレースができるのが特色だ。誰がどのように使ったのかを特定できる。この仕組みを利用して、公金を仮想通貨にして、政府が追跡する方法は有効だと思う。

第5章
文系のマスコミ記者こそ「本当のバカ」

財務官僚時代も官邸時代も、新聞を読む必要がなかった

私は、しばしば新聞記事についての批判をしている。まわりの人からは、「全部の新聞を読んでいるんですか」と聞かれるが、実のところ、新聞は取っていないし、読んでいない。マスコミの間違いを批判するために、時々チェックした新聞記事をネタとして使っているだけだ。原稿を書くのに必要なときには、大学のデータベースで新聞記事を検索して、必要なところだけ目を通している。

一九八〇年前後、所帯を持ってからしばらくは自宅で新聞を取っていたが、毎月、読み終わった新聞紙を処分するのが大変だと気づいた。

それからもしばらくの間、新聞を講読したけれども、価値のある情報があまりにも少ないので、読む必要がないと思って、三十年くらい前に取るのをやめてしまった。

新聞を取っていなくても、財務省勤務時代も、首相官邸で勤務していたときも、まったく困ることはなかった。役所の場合、「新聞にこんな記事が出ていましたよ」と誰か

が参照すべきものは持ってきてくれる。それに目を通せば事足りる。「大した記事じゃないな」と思うことが多かった。人が持ってきてくれた新聞記事以外は、新聞を読むことはまったくなかった。

新聞から入手できる情報量とお金の関係を考えたら、新聞を取る必要はないと思う。なぜ新聞を購読している人がいるのかよくわからないので、教えて欲しいくらいだ。たぶん、習慣で読んでいるのだけではないだろうか。

「新聞を読んでいないと時代のトレンドに遅れてしまう」という人がいるが、知るのが数時間遅れて困るようなことはまずないはずだ。

情報に遅れないようにしようとする人は、早く知ろうとすることにばかり頭が行ってしまって、中身にあまり重点を置いていないのではないかと思う。情報を知るときに重要なのは、いち早く知ることよりも、正確な情報を知ることだ。

新聞には、「誰かがこう言った」というような記事が多い。それが正しい発言かどうかは確認できない。そんなあやふやな情報を知らなくても、仕事にも生活にも、まったく影響はないと思う。

新聞記事は、役所が発表している情報をそのまま書いているものが多い。役所のホームページを見れば、新聞よりも正確に知ることができる。

レベルの低い記者が書いているから、新聞は役に立たない

以前に、日経新聞を読むと経済がわからなくなるという内容の本（『「日経新聞」には絶対に載らない日本の大正解』ビジネス社）を書いたことがある。経済のことをまったくわかっていない、レベルの低い記者が書いている記事が多いからだ。

端的な例は、「国家財政が危ない」という財務省の情報をそのまま流し続けていること。前述したように、本来、財政というのはバランスシートで考えないといけない。負債と資産のバランスで見なければ財政のことはわからない。だが、財務省は、国の財政を語るときに、資産の話をせずに借金の額の話ばかりする。日経の記者は、財務省のいいなりに借金のことしか報道しない。

そのくせ、日経が企業の記事を書くときには、バランスシートのことに触れる。と

ころが、国家財政の話ではバランスシートについてはあまり書こうとしない。〝二枚舌〟でなければ、たぶん、記者が国家財政の見方をわかっていないのだろう。財務官僚とつるんでいる上司から「書くな！」と言われているのかもしれない。

マクロ経済についても、記者たちは勉強不足だ。金融政策と失業率の関係も理解していないようである。そういう記者が書いた、日銀の金融政策についての記事を読んでもまったく意味がない。

しかし、日経新聞には妙なプライドがあるようで、日銀総裁人事の話は自分たちがどの新聞よりも詳しく知っていなければいけないと思っている。だから他紙に抜かれたりすると辞職ものだといわれている。元日経の論説主幹もやった水木楊《みずきよう》さんは、在社中、次期日銀総裁を間違えて記事にしてしまって懲戒免職寸前になったこともあったという。減俸で閑職に回されたという。でも、彼はその後、ワシントン支局長、論説主幹、作家になった（『親と子年表』で始まる老いの段取り』文春新書）。

そもそも、日銀の人事というものは取材ができないのに、「取材できる」と思い込んでいるから不思議である。

日銀人事に限らず、主要なポストの人事に関わる人はごく一部の人だけだ。記者に人事情報を話してしまったら、誰が話したかはすぐにバレる。だから、人事のことを知っている関係者は絶対に記者には漏らさない。

私は官邸にもいたので、どういう手続きで人事が決まるかは知っている。たとえば、財務省が人事案をつくって官邸に持っていく。それがそのまま通るとは限らない。官房長官と首相が財務省の人事案を差し替えることもある。そうすると、財務省の人間にも本当の人事はわからない。

要するに、人事のことを知っているのは、官房長官と首相だけであり、他の人にはまったくわからないのである。仮に知っている人がいたとしても、ごく少数の人だから、その人が情報を漏らせばすぐにバレる。「こいつは、口の軽い人間だ」とみなされて、その人は、ラインからはずされる。職業人として致命的なことだ。それがわかっているから、人事情報を漏らす人はいない。

本当の「人事情報」を新聞記者に話す人はいない

人事のことを記者に話すのは、人事に関係のない人物だ。本当のことを知らないから推測を話しているに過ぎない。それなのに記者はその人が「知っている」と思い込んでしまう。特ダネをつかんだと誤解して記事を書く。だから、人事についての記事は飛ばし記事が多い。

人事情報は、どうせいつかはわかることだ。そんなことも理解できていないのが新聞記者である。

人事というのは、合理的に決まることもあるので、ある程度推測することは可能だ。日銀人事の場合は、副総裁は誰がなってもほとんど同じだから、財務省、日銀、学者の三つから選ぶ。

「我が社の推測」として記事を書けばいいのに、いかにも事実であるかのように書く。「私たちは、こう推測する」と書いてあるのなら読んでもいいが、いかにも決まったかのように書いてあるから、読む気がしない。

人事情報が外部に漏れる可能性がゼロに近いことは、自分の身に置き換えてみれば容易にわかると思う。自分の勤務先の重要人事について知っているときに、新聞記者にそれを漏らすだろうか。「誰が漏らしたんだ！」と調べられて、バレてしまったら致命的だ。そんなリスクを冒して、わざわざ新聞記者のスクープ記事のために教えてあげる人は、よほどマヌケな人だと思う。

「人事が新聞に載ることはない」ということを知っていれば、新聞の人事情報は推測に過ぎないことがわかる。ありがたがって新聞の人事情報を読んでいる人は、現実を知らない人だ。

テレビは見ないが、検証のために録画しておく

私は、リアルタイムでテレビを見るのは、時間のムダだと思っている。番組が放送されている時間帯に、ずっとテレビの前に座っていなければいけない。その時間がもっ

たいない。民放だとＣＭもある。どうしても見たい番組があるのであれば、録画しておいて、空いている時間に見ればいい。

私の場合は、各局の番組を半年分くらい録画している。一般の放送を録画するとハードディスクの容量がものすごく必要になるが、ワンセグで録画をしておけば、それほどの容量は必要ない。全部で六チャンネルしか録画できないが、半年分くらいの番組を録画しておいて、必要なときに見るようにしている。

ワンセグで六チャンネル分を録画するには、初期投資で三万円くらいですむ。高価な機械を買えばもっと多くのチャンネルを録画できるけれども、そこまでする必要性は感じていない。

録画したものを見るのは、報道番組を検証するときだ。報道番組の批判をするときに「あんた見たのか？」と言われてしまうので、録画をしておいたものを見る。新聞のデータベースのような、テレビ番組のアーカイブがあればいいのだが、それがないので、自分で録画しておいてアーカイブとして使っている。報道番組の検証に使うだけだから、画質はよくなくてもいい。ワンセグで十分だ。

テレビの地上波は、インターネットによる同時配信をしていない。時々ユーチューブなどに番組がアップされているが、誰かが録画をしてインターネット上にアップしているものだ。テレビ局は、自社の番組がユーチューブにアップされていると、削除要請している。テレビ局は著作権を主張してインターネットの同時配信を認めていないが、報道番組を検証されたくないのではないかと疑ってしまう。ドラマに関しては著作権を主張してもいいと思うが、報道番組に関しては検証可能にすべきだ。

テレビ番組のインターネット同時配信は世界では当たり前になってきているが、日本のテレビ局は後ろ向きだ。日本の民放は放送法で規制されていると言われているが、実際には、放送法に守られて他業種からの新規参入ができないようになっている。電波使用料も格安だ。既得権を持っているから、何としてでもそれを守りたいのだろう。

少なくとも、インターネット配信をしないことが、テレビの報道番組の検証を妨げていることは確かだ。テレビ局が報道番組を検証可能にしていないので、私は自分で録画してアーカイブのようにして使うしかないのだ。

国会中継に関しては、国会のアーカイブがあり、インターネットですべて見ることができる。また、議事録が活字になっているので検索しやすい。国会に関することは、国会のアーカイブを利用している。読者もこういうふうにして、TVをのんべんだらりと見るのではなく、知的生活に活用するようにしてはいかが？

裁量労働の労働時間など調査する意味がない

二〇一八年一月に、厚生労働省が裁量労働制の間違ったデータを出し、それに基づいて安倍首相が答弁したことで、野党が大騒ぎをした。野党は、政府が裁量労働を拡大したいために、都合のいいデータを出したと一方的に主張した。

安倍首相は間違いだとわかって答弁を撤回し、謝罪した。厚労省もデータを撤回した。野党の筋書きは、官邸が厚労省に都合のよいデータをつくらせたというものだったが、こんなデータをつくらせるはずがない。官邸側では、裁量労働のデータをとろうとしたこと自体が間違いだったと誰かが気がついたのだろう。

野党は、裁量労働制のほうが労働時間が短くなるように意図的に設問の仕方を変えたと批判したが、そもそも裁量労働というのはデータを取れない性質の労働である。調査自体が意味のないものだ。

私は大学教員をしているが、「あなたは、何時間働いていますか?」と聞かれても、答えようがない。講義をしている時間だけで言えば、週に六時間か、七時間である。それだけなら大学教授は楽な仕事だと思われるかもしれないが、そうではない。講義以外の時間も、準備のためにかなり働いている。でも、「それは、労働時間か?」と聞かれると、よくわからない。データを調べたり、人と会ったりしている時間が、労働時間かどうかは、自分でも判断のしようがない。裁量労働というのは、そういうものだ。

私が労働時間を聞かれたら、「週六時間」と答えてもいいし、毎日、「二十四時間マイナス睡眠時間」と答えてもいい。こんないい加減なデータを取って集計しても意味がない。

労働時間を答えようのない職種があり、そういう職種の人たちが裁量労働で働いている。風俗嬢に「お茶を引く」待ち時間が労働時間なのかどうか聞いてもナンセンスなのと同じ（笑）。「お茶を引く」時間も労働時間と認めるわけにはいかないだろう。ということで、厚労省も官邸も、「裁量労働の人に労働時間を聞くなんて、質問自体がバカバカしい」と気づいたのではないかと思う。

野党の国会議員やマスコミの人たちが、反アベのためならなんでも反対とばかりに問題視したが、まず、野党の国会議員に「あなたの労働時間は何時間ですか？」と聞いてみればいい。おそらく答えられないだろう。国会に出席している時間だけが労働時間なら、労働時間は短くなるが、それだけが仕事というわけではないはずだ。

マスコミの人たちも、自分たちの労働時間を答えようがないと思う。国会詰めの記者やTVマンに聞いてもいい。新聞記者が原稿を書くときに労働時間など関係がない。すぐに書ける人は、あっという間に書いてしまうだろう。原稿の中身が重要なのであり、時間を長くかけて書いた人のほうが、労働時間が長い分、給料が高くなるというのはおかしい。そういう職種の人が裁量労働で働いているのだ。

裁量労働の要件は厳しく、労使委員会で五分の四の賛成が必要だ。労働者の多くが反対すれば、裁量労働は導入できない。だからマスコミの中でも組合が強い会社は裁量労働を導入しない。

経営者側は、残業代を抑えるために裁量労働を導入したいと思うかもしれないが、収入が減るとわかっていて簡単に受け入れる労働者はいないだろう。広げたくても広がりにくいのが裁量労働だ。法律で対象範囲を拡大したとしても、労使が合意しなければ導入はできない。

「労働時間が長い人のほうが給料が高いのはおかしい」と思う職種の人たちは、裁量労働を望む。それ以外の多くの職種の人たちは、「働いた時間に応じて給料を払って欲しい」と思って、裁量労働を拒否する。社会全体で見れば、裁量労働は主流にはなり得ない働き方だ。

裁量労働のデータの問題は、異なる設問のデータを比較したことが間違っていたのではなく、裁量労働のデータをとろうとしたこと自体が間違っていただけの話。

「取材すればわかる」と思い込んでいる新聞記者たち

私は、北朝鮮問題、第二次朝鮮戦争勃発の可能性について、キューバ危機当時と似ていることに関する本を書いている（『朝鮮半島終焉の舞台裏』扶桑社新書）。

マスコミの人たちからは、「どうやって取材したのか？」と聞かれるが、「取材は一切していない」と答えている。私は「取材したらわかると思っているのか？」と聞き返したいくらいだ。

先に、新聞に載る人事情報は意味がないと指摘した。人事に関わっている人で、人事情報を漏らす人はいないから、取材しても人事のことはわからない。取材者に話してくれるのは、人事に関係していない人だ。

軍事情報も同じである。国家にとって重要な機密情報を取材者に話してくれる政府関係者がいるわけがない。話してくれる人がいるとすれば、本当の機密にはアクセスできず、自分の推測・憶測で語る人だ。「取材すればわかる」と思うこと自体が大きな間違いである。金正恩やトランプ大統領に「いつ攻撃しますか？」なんて聞くのがナンセンスということは新聞記者だってわかるだろう。それと同じだ。

だとすれば、取材をする必要はなく、明らかになっている公開データをもとに推測したほうがいい。

マスコミの記者たちは「誰がこう言った」という話をつないでいってストーリーをつくるのが好きだ。だが、そもそも本当のことを知らない人に取材しているのだから、そんなつぎはぎだらけのストーリーには何の信憑性もない。しかも、マスコミの人はセンセーショナルにしたいという気持ちが働くようで、話を盛りがちだ。

私の手法は、マスコミの人とはまったく逆だ。取材はしないし、センセーショナルにしたいという気持ちもない。「ロジックで考えるとこう推測できる」と言っているだけである。その時点で与えられている条件の中で推測する。要は自分自身がＡＩになりきるのだ（笑）。得られた情報のみで論理的に考える。それで出てきた推測が当たるかもしれないし、外れるかもしれない。

ロジックで推測できないのは、人間の好き嫌いのような感情が絡んできた場合だ。好き嫌いが絡むと、どう動くのかをロジックでは推測のしようがない。依怙贔屓はロジックでは読めないからだ。

軍事の話は合理的に推測するしかない。北朝鮮問題を見るときに、私は、国連のフレームワークとアメリカのこれまでの行動から推測している。「誰が何を話した」という要素は一切入れていない。

国連は何回くらい制裁決議を出した後に行動するかということはデータがとれる。また、アメリカの過去の行動もデータがある。アメリカの場合は、軍事行動をする前には警告をしている。「フリーズ！（動くな）」と言って、動いたらズドンとやる国だ。やるときにはベトナム戦争の「トンキン湾事件」にみられたように自作自演のデッチあげをしてでもやる。もっとも、キューバ危機はすんでの所で武力行使をしないですんだ。

そういうフレームワークをもとにロジックで推測している。シャーロック・ホームズが推理していくような感じだ。推理がいつも当たるとは限らないが、本当の情報を持っていない人に取材して、「誰が何と言ったからこうなる！」という不確かな情報をつないで〝ストーリー〟を創造するよりは、合理的な推論になると思う。

引用の多い本を読むくらいなら、一次情報に当たれ

書店に売られている本には、誰かの発言の引用ばかりのものが多い。偉い人の名前を出して、その人の発言が引用されている。ロジックで説明できない人ほど、「ニーチェはこう言っている」「カントはこう言っている」というように権威を持ち出す。

私の場合は「誰が」という要素を取り除いて考えている。だから、時々とんでもないことを言っているらしい。「偉い人が、髙橋さんとは違うことを言っていますよ」と言われることがある。でも、誰が言おうと間違いは間違いだ。「誰が言ったか」が重要なのではなく、「中身」が重要である。

「中身」にこだわっているので、誰の発言であれ、発言した人の言うことをすべて否定するつもりはない。

私は、財務省に厳しいこと言っているが、財務省を全否定してはいない。「財務省の言うことの中で、コレとコレは間違いである」という論法を使っている。財務省の

言うことをすべて間違いだと言ったことはない。それこそ〝知的〟ではないか。

財務省の言っていることの中には、正しいこともあるし間違っていることもある。間違っている場合には批判をする。依怙贔屓はいっさいしない。これこそＡＩ型知的論法と言えよう（笑）。

マスコミの流す情報は、人から聞いた二次情報

マスコミの報道は、取材をして聞いた話を伝えていることがほとんどだ。人から聞いた話というのは、信憑性が低いから、私はリアルタイムでは新聞も読まないし、テレビの報道番組も見ない。すでに述べた通り、批判のネタにするときにだけ、それらの情報をチェックして使っている。

今は、インターネットがあるから一次情報にアクセスしやすい。私が使っている情報源は、特別な情報源ではなく、一般の人が誰でもアクセスできるものばかりだ。基本的には、役所の情報と論文である。

役所の情報のほとんどは今や誰でもアクセスできる。新聞で役所の発表した情報を知るくらいなら、自分で直接アクセスして確認したほうがいい。新聞記者は、役所の情報すらきちんと読んでいない場合も多い。

論文は、所属している大学が学術論文のデータベースと契約しているので、データベースで検索して読むことが可能だ。個人でもお金を払えばデータベースを使って、さまざまな論文を読むことができる。論文は専門家が時間をかけて書いているし、参考文献もすべて明示されているので、マスコミの記事より信頼性が高い。イデオロギーの絡む文系より理系論文のほうが参考になる。

もちろん、理系論文の中にもいろいろあり、山中伸弥さんの論文もあれば、小保方晴子さんのアノ論文もある。しかし、論文のコミュニティでは、変な論文を書くと、他の人から「それは違うんじゃないの」と指摘される。大阪大学の入試問題の出題ミスとて、予備校の先生が見つけて正してくれたではないか。マスコミ記事と違って、ある程度のチェックの仕組みが働くから、論文のほうが信頼度が高い。

学者が使っているデータベースは共有されている

最近は、研究者の間で情報の共有化が行なわれている。自分で独自にデータを集めて研究するのではなく、データベースを共有し、みんなが同じデータを使って研究する形になっている。同じデータを使ったほうが、お互いに検証できる。

私は、安全保障法制が議論されているときに、安全保障法制と戦争の確率についての本も書いた（『図解　図25枚で世界基準の安保論がスッキリわかる本』すばる舎）。

すると、「こんな安保論は初めて読んだよ」とよく言われた。

「どこから、こんな戦争のデータを持ってきたのか」と聞かれたが、プリンストン大学に留学しているときに国際政治研究をやっていたので、そういうデータがあることを知っていた。数量的に戦争を分析する人は、「ウォー・プロジェクト」というところからデータを取ってくる。研究者によって使うデータが違うと、答えが違ってきてしまうので、世界中の研究者が共通で同じデータベースを使うようにしたのだ。私は、ユーザーとして世界共通の戦争のデータベースを使っただけである。

そのデータをもとに回帰分析をして、同盟している国々との間では戦争の確率が減るという結論を導き出したのだ。

プリンストン大学には、「民主主義国家同士は戦争をしない」という、民主的平和論の権威であるマイケル・ドイル教授がいた。ドイル教授は、カントが言った「デモクラティック・ピース・セオリー」を現代版として復活させた人だ。この理論は、たとえば、民主国家である日本と民主国家であるアメリカの戦争は起こらないけれども、民主国家・アメリカと非民主国家・北朝鮮の戦争は起こりうる、というものだ。非民主国家同士の北朝鮮と中国の戦争も起こりうる。

ドイル教授は「民主国家同士は戦争をしない」と言い切っていたから、私は「言い切らないほうがいい」と主張した。彼は言い切ってしまったために、その論を成り立たせるために、民主国家の定義を変えざるを得なくなった。私は「民主国家同士は、戦争の確率が低い」と言えばよかったのだと思う。

「民主国家同士は戦争をしない」という説が、数量的にも証明されることが求められるから、みんなが共有している戦争のデータベースを使って、証明を試みるというわけである。

ベストセラーになったトマ・ピケティの『21世紀の資本』（みすず書房）も、ピケティがオリジナルのデータを使っているわけではなく、共通のデータベースを使っている。公開されたデータを使っているから検証が可能である。検証して書いた本もある（『【図解】ピケティ入門　たった21枚の図で『21世紀の資本』は読める！』あさ出版）。

世界の学者たちは公開されたデータを使っており、秘匿された特殊なデータを使っているわけではない。つまり、誰もが入手できる公開情報が世の中にはたくさんあるということだ。それを情報源として使えばいいのである。マスコミの人たちは、そういう情報源を知らない。だから、人から聞いた話をつないで、何の数量的な裏付けもなく、信憑性の低い記事を書くのがジャーナリズムだと誤解している。これではいくら「人脈」があっても知的生産はできないだろう（笑）。

「デフレ不況」という愚かな言葉を使うマスコミ

マスコミの人たちは、言葉の定義をせずに、イメージで言葉を使っていることが多い。その一例が「デフレ不況」という言葉だ。私は、その文字を見た瞬間に、読む価値がないと判断する。

「デフレ」と「不況」はまったく別の経済現象だ。マスコミの人は、「デフレ」とは何か、「不況」とは何か、という定義ができていないから、曖昧な使い方をしているのだろう。

デフレというのは、物価が下がっていくこと。それに対して、不況というのは、GDP（国内総生産）がマイナスになること。デフレは「価格」の話、不況は「量」の話である。「価格」と「量」はまったく別のものだ。

英語で言うと、デフレは「デフレーション（Deflation）」、不況は「デプレッション（Depression）」で、違う言葉である。デフレーションのときにデプレッションになるとは限らないし、デプレッションのときにデフレーションになっているとも限らない。

記事を書くなら、「価格」が下がっていることと、「量」が減っていることを区別して、論を組み立てなければいけない。

経済を専門と称する日経新聞にも「デフレ不況」という曖昧な言葉がよく出てくる。日経のデータベースでこの言葉を検索してみると、たくさんヒットする。記事の中身を見ても、「価格」の話だけをしているか、「量」の話だけをしているか、どちらかの場合が多い。

「デフレ不況」という言葉で、「デフレーション」と「デプレッション」の二つのテーマを挙げながら、「デフレーション」のことだけ、あるいは「デプレッション」のことだけが書いてある。

「価格」と「量」は別の性質のものである。そこを分けて考えないと、経済状況をきちんと理解することはできない。

ちなみに、最近の日本経済は、「価格」に関しては、デフレは脱しているけれども、目標とするインフレ率二％には到達していない状態だ。一方、「量」に関しては、ＧＤＰ成長率（実質）は、二〇一六年一～三月期から二〇一七年一〇～十二月期まで八・四半期連続で前期比プラスとなっている。不況はほぼ脱しているといえよう。

マスコミは「安全基準」と「契約基準」の違いも知らない

二〇一七年に、神戸製鋼所、東レなど日本を代表する大手企業グループ内で、製品データの不正が発覚した。

一連の不祥事では、「定められた基準が守られていなかった」ことが問題だとマスコミで報道されたが、報道内容を見ると、「安全基準」と「契約基準」の二種類がごちゃ混ぜになっていた。

「安全基準」を満たすのは当たり前である。これが破られると大問題につながってしまう。企業間取引の場合、アロワンス（追加手当）で、もう少し高い基準を設定していることが多い。これが取引における「契約基準」だ。

問題となった神戸製鋼は、安全基準はちゃんとクリアしたが、企業間取引における契約基準を破ってしまった。このような場合、取引先に「安全基準は満たしているけど、契約基準は満たしていない」旨を伝えて了解を取れば済む話だった。もともと、安全基準より少し高く設定されているのが契約基準だから、安全基準を満たしていれば、製品の安全性は問題ないはずである。

取引先との関係で、あうんの呼吸でわかっているからと思って、了解を取らずにやったようだ。だからといって、取引先から「欠陥商品を渡された」という訴訟もない。品質的な問題はなかったからだ。

安全基準を満たしていない品質の問題と、契約基準を満たしていない契約上の背信行為を、ひとまとめに不祥事と報道するべきではなかった。

マスコミの報道では「昔から契約基準を破っていた」という会社もあったが、もし昔から行っていたのなら、今まで契約基準を破ってきたことで、当該製品による重大な事故が起こっていたのかどうかが焦点になる。事故がなかったのならば、製品の品質に問題はなかったといえる。

安全性に問題がなければ、多少の手続きを省略するのは現場ではよくあることだ。納入先の了解を得て納入する「特別採用（トクサイ）」という言葉もあるくらいだ。しかし、神戸製鋼などは納入先の了承を得ていない、いわば「トクサイの悪用」をやってしまっていたようだ。これはイカン。

ともあれ、マスコミは「最近になって不祥事が増えた。日本のものづくりの危機だ」と報道したが、契約基準が破られたことが問題だったというだけである。安全基準が守られてきた日本のものづくりの実態とは関係がない。

契約基準を守れなかった場合、企業間契約の話だから「連絡が不十分でした」と相手先に謝れば済む話である。これは、あくまで企業間の取引の範疇《はんちゅう》の話であって、ものづくりの技術的優劣とは関係がない。

それを「日本のものづくりの危機だ！」と騒いでいるマスコミは、ピントがずれている。契約基準と安全基準がごっちゃになっていて、何を問題視しているのか、当のマスコミ自身もわかっていなかったのだろう。

一連の騒動は、マスコミが無知であり、何が問題かわかっていなかったことに起因している。これはマスコミの、特に文系の記者の弊害だと思う。「基準は高いほどいい」「契約基準は安全基準より高いから、高いほうの契約基準を守るべきだ」と思い込んでいるようだ。

世間でも「基準は高ければ高いほどいい」という考えが多数派だが、実用に必要ないレベルの高すぎる基準はコスト高になり、値上げという形で消費者にはね返ってくるだけだ。

安全性を担保しながら、用途に応じて基準を設定するのが普通であるから、基準が高ければいいという話ではない。しかし、文系記者にはそれがわからない。単純に高いほうが安全だという主観が強いから、際限なく上を求めてしまう。

マスコミが「ものづくり日本の危機」と報道したのは、「ものづくり日本」というと、理屈抜きで何となくシンパシーを感じるからだ。「額に汗して真面目につくっています」と報道されると、スッと心に入ってしまう。「ものづくり日本」は感情に訴えて支持を得やすい。

要するに、マスコミは、情緒的に報道しているだけである。もっと、ＡＩや、私のようにクールになるべきだ（笑）。

理系知識がないから、記事がトンチンカンになる

日産自動車で無資格の従業員が完成検査をしていたことが不祥事として報道されたこともあった。国の基準を守らなかったという点では問題はあったが、一方で、国の基準が妥当かどうかという観点も重要である。

マスコミは、日産自動車の現場の従業員たちの声を集めて報道しているのだから、その点を掘り下げて報じるべきだった。現場の実態とはそぐわない国の変な基準になっていることは明らかだ。実際、輸出車では国内向けのような検査は不要である。マスコミは、国の言いなりに報じるだけでなく、バカげた国の基準についてもきちんと指摘する必要がある。

これとよく似た、国のバカげた基準の例は、豊洲市場問題でも見られた。二〇一六年に、豊洲の地下水が「環境基準」を満たしていない、と騒がれた。

「環境基準」と「安全基準」は違うものだ。本来はこの違いをマスコミが指摘するべ

きだったが、科学物質の話だったから、経済問題同様、文系記者はお手上げだった。

私は、取材に来た記者に、「実は、都内二十三区で環境基準を満たしているところはない」と話した。「でも危ないでしょう」と返してくる。「あなたはどこに住んでいるんですか」と聞くと、都内で環境基準を満たしていないところに住んでいる。しかし、「あなたの近所にスーパーか八百屋はありますか」と聞くと「ある」と言う。ということは、食料品屋が出せるほど安全な土地なのである（笑）。

都内で環境基準を満たしている場所があれば、そのほうが驚きだ。環境基準とは「井戸水をそのまま飲める」基準である。二十三区内にある私の家にも井戸があるが、五十年前に東京都から飲用を禁止された。五十年前の時点で、すでにかなり汚染されていたのだ。今、環境基準を満たした場所に住もうと思ったら、二十三区には誰も住めない。

なぜ環境基準を満たしていないのに安全基準ではＯＫかというと、コンクリートで覆っているからだ。コンクリートで覆ってしまえば、人が住んだりお店を出したりしても安全である。

豊洲は環境基準で判断してはいけなかった。用いるべき基準を小池都知事は認識していなかったのだ。

「強アルカリ性の水が溜まっているじゃないか」とも指摘されていたが、まわりを囲っているコンクリートはもともと強アルカリ性だから、当たり前のこと。こういうつまらないことを、マスコミはさも特段の危険のように報道してしまう。

文系記者が中心のマスコミは、もう科学関係の報道はしないほうがいいのかもしれない。

イデオロギーの強い文系記者の書く記事は読む必要がない

文系オンリーの弊害は、モリ・カケ報道では議員と記者の両方に見受けられた。

森友学園の答弁の中で、東大経済学部出身の佐川宣寿《のぶひさ》・前財務省理財局長が「財務省のシステムでは、一定の時期が来るとデータを全部自動的に消去するようになっている」と言っていたが、文系にはこの答弁のおかしさがわからない。

私はすぐに嘘だとわかった。なぜなら、そんなシステムをつくるはずはないからだ。そのシステムをつくること自体がとても面倒くさい。これは実際にプログラムを組んだことのある人ならすぐにわかることだ。

普通はハードディスクがいっぱいになったら、上書きしていく。新しくプログラムを組むよりも、単に上書きするほうがはるかに楽だ。記録情報の保存限界は「ハードディスクの容量」であって、「一定の時期」ではない。

「この答弁は嘘だろうな」と思っていたら、案の定、上書きするシステムであることを認め、「復元できるかもしれない」とすぐに訂正した。

この程度のことは、答弁のときに議員が即座にその場で反応して、「嘘をつくんじゃない」と言えばよかった話である。「もし嘘だったら、あなたは責任をとって辞めますか？」とでもつめよれば尚よかった。でも、議員に理系の知識がないから、そういう素早い追及ができない。マスコミも平気の平左でそのやりとりを新聞に載せていたが、本来は記者がすぐさま「虚偽答弁だ」と指摘すべき話だった。このように、マスコミは科学とコンピューターの話は大の苦手なのである。

マスコミの人たちは、自分の知識が足りないとは絶対に言わない。「技術的なことは読者にもわからないから」と読者に責任をなすりつける。「自分が知らないだけだろう」と言いたいところだ（笑）。

マスコミというのは文系中心で、科学が苦手な人が多すぎる珍しい業界だ。たまに理系の人が入社すると、科学記者のような狭い分野に押し込めてしまう。文系と一緒に働かせると、文系の無知さがわかってしまうからだろう。そういう人こそ、私のように（？）官邸詰めや財務省担当にさせると面白い仕事をするだろう。

文系の、特に左派の人たちは、イデオロギーのためか先入観の強い人が多い。一例を挙げると、左派の人たちは「株価が上がると、資本家が儲かって、労働者が損をする」と信じ込んでいる。「資本家と労働者の利害が対立する」というマルクス経済学のイデオロギーから抜け出せないのだ。こんな見方をしていたら、現実の経済のことは絶対に理解できない。実際、左派系の多い旧民主党政権のときには、経済音痴の人が多く、経済を好転させられなかった。理系の知的教養がなく、さらに左巻きのイデオロギーで考える人には、ロジカルな経済運営は無理である。

ロジカルに考える人は、イデオロギーなどバカバカしくてやっていられなくなる。イデオロギーありきで考えると、先に答えが来て、ロジックが全部抜けてしまう。イデオロギーとロジックは敵対関係になることが多い。

イデオロギーで考える文系の記者は、ロジカルな世界である科学や経済を理解するのは難しいから、そういう記者は、科学や経済の報道に携わらないほうがいい。スポーツなどを担当するといいのかもしれない（笑）。

第6章

ロジカルな理系思考は、臨機応変に対応できる

鳩山元首相は、理系のはずだが……

私は、マスコミや官僚の世界だけでなく、政治家にも理系的な教養や考え方が必要だと思っている。イギリスのサッチャー元首相は化学者だったし、ドイツのメルケル首相はもともと物理学者である。

残念なことだが、日本の政治家に「政治家にも理系の発想を」と言っても、あまり説得力がない。何しろ、理系の首相としては、鳩山由紀夫さん、菅直人さんの名前が挙げられるからだ。鳩山さんは東大工学部出身で、菅さんは東工大出身だ。この二人が代表例となってしまうので、私の論にまったく説得力がなくなってしまう(笑)。

菅さんは東日本大震災で原発事故が発生したときの首相だったが、なまじ物理のことがわかっているものだから「俺は、原子力のことはわかっている」と思ってしまった。そこが大きな問題だった。科学の分野は非常に奥が深く、一人ですべての分野がわかるわけではない。科学的な考え方をする人は、科学に対して謙虚でないといけない。原発事故時の菅さんの例は、理系出身者の残念な失敗例である。

もう一人の鳩山さんであるが、実は、私は、彼のことは昔から個人的に知っている。鳩山さんは、私の高校（東京都立小石川高校）の先輩でもある。小石川高校出身者で霞ヶ関で働いている人間が集まる会があったが、鳩山さんがまだ自民党の新進気鋭の政治家だったとき、その集まりによく来ていてお会いしたことがある。

小石川高校出身の政治家は何人かいる。小沢一郎さんも小石川高校出身だ。小沢さんは、代議士だった父・佐重喜さんが岩手の出身だったから、その地盤を継いで岩手から選出されているが、生まれは東京で、高校は小石川に通っていた。小沢さんも、小石川の集まりにはよく来ていた。

鳩山さんは、東大工学部（計数工学科）を出た後、スタンフォード大学院に留学している。政治家になるつもりはなかったらしく、学者の道を歩んでいた。スタンフォードで、鳩山さんは「オペレーションズ・リサーチ」という学問を研究していた。これは、様々な分野を数理的に分析する学問だ。帰国して、専修大学の先生にもなった。

鳩山さんが研究者時代に書いた論文を読むと、まさに学者だと思える。そのころの鳩山さんは、けっこう面白い論文を書いていた。シャープだった。

野球のデータ解析を論文にしていた学者時代の鳩山さん

私が読んだ鳩山さんの論文は、野球をオペレーションズ・リサーチで分析したものだった。野球というルールの中で、どういう戦法が一番得点確率を高めるかという研究である。

ブラッド・ピット主演の映画『マネーボール』(二〇一一年)を見たことがあるだろうか。メジャーリーグのオークランド・アスレチックスのゼネラルマネージャー(GM)、ビリー・ビーンをモデルとして、アスレチックスの躍進が映画化されたものだ。ビーンは「セイバーメトリクス」という手法を使って、コンピュータでデータ分析をして、アスレチックスを強くした。

アスレチックスは、ニューヨーク・ヤンキースやボストン・レッドソックスのような金持ち球団ではない。資金が豊富にある球団なら、日本でいえば巨人やソフトバンクのように、スター選手を集めて強くすることもできるが、アスレチックスにはそのような財力はない。アスレチックスは、実力のある選手が他球団に移籍してしまった後、統計分析によって、どうしたら勝つ確率が高くなるかを研究して、必要な選手を集めていった。

まず、選球眼のいい選手のほうが得点確率が高くなるとか、作戦としてはバントをあまりしないほうが得点確率が高くなる、ということを取り入れていった。日本では、ランナーを進めるために送りバントが多用されるが、得点確率はあまりよくない。統計的に見ると、戦法としては最適とはいえないことがわかっている。

アスレチックスはコンピュータによる統計分析を使った。その結果、予算は少なくスター選手はいないのに、リーグ記録の二十連勝を果たし、地区優勝をしている。ポストシーズンでは負けてしまったけれども、何度も地区優勝をした。

野球の世界に統計分析を持ち込んだビリー・ビーンのやり方には、当初は反発が強かったが、アスレチックスの成果を見て他球団もまねをするようになり、現在のメジャーリーグでは、野球を数理的に分析する手法が確立されているのだ。

驚くかもしれないが、アスレチックスが導入したことと同じようなことが、その二十年くらい前の鳩山さんの論文に書かれていたのである。条件や数式もきちんと書かれている。鳩山さんは、オペレーションズ・リサーチで、数理的に野球の得点に関する最適解を探っていたのである。

鳩山さんが書いた『野球のOR』（一九七九年四月号　日本オペレーションズ・リサーチ学会）では、当時の日本のプロ野球のデータを調べた上で、「いかなるときに盗塁すべきか」「バントやヒットエンドラン使用の効果」「四球、本塁打などの重要度」などが分析されている。

たとえば、ノーアウト一塁の場合に、得点確率を高めるのに必要な最低盗塁成功率は、〇・七五となっている。この盗塁成功率以上の選手であれば、盗塁を試みると得点確率が高くなる。盗塁成功率〇・七五以上の選手として、阪急の福本選手など六名の名前が記されている。

また、九回裏同点のときには、一点でも入れば勝てるわけだから、一点入れるための最低盗塁成功率も計算されている。ツーアウトランナー一塁のときには、最低盗塁成功率は、〇・四四五となっている。五割以上盗塁が成功する人なら、九回裏同点ツーアウト一塁のケースでは、盗塁を試みたほうが勝つ確率は高まるということだ。

送りバントの記述も面白い。ノーアウト・ランナー一塁のときには、必要最低バント成功率は〇・六六八、ワンアウト・ランナー一塁のときには、〇・九四二と算出されている。ノーアウトのときには、三回に二回はバントを成功させられる選手でないと、バントしても得点確率は高まらないし、ワンアウトの場合は、ほぼ一〇〇％バントを成功されられる選手でないと、得点確率は高まらない。ワンアウトの場合には、送りバントは良策ではないということだ。

バントするかどうかは、相手が好投手かどうか、バッターが好打者かどうかにも左右される。相手が好投手の場合は、そんなに簡単に打てないので、バントしたほうが得点確率は少し高まる。また、打率の低いバッターもヒットを打つ確率は低いので、バントしたほうが得点確率は少し高まる。そういうことも計算されている。

映画『マネー・ボール』の「セイバーメトリクス」のようなことが、鳩山さんの一九七九年の論文に、すでに書かれていたのだ。

鳩山さんの論文は、「あまりに精巧なモデルをつくると、野球の面白さが減少する恐れがあるので注意されたい」、と結ばれている。分析しない野球の面白さをわかりつつ、オペレーションズ・リサーチで分析すると、こんなふうになるということを示している。

この時点では、鳩山さんは優れた研究者だったのだろうと思う。当時は、政治家になるつもりはなかったようだ。

それでも、あとを継がなければならなかったのか、政治家になった。最初に選挙に出たときには、「政治を科学する」と言っていた。これは、けっこうカッコいい言葉だった。しかし、政治家になってからは、その言葉を忘れてしまったのだろうか。政治家になってからの鳩山さんには、科学的な発想は見受けられず、「宇宙人」と揶揄《やゆ》されるようになってしまった。

沖縄基地問題も科学的に考えればよかった

たとえば、鳩山さんは、首相在任中に沖縄の基地問題に関して、「最低でも県外」と言って、状況を混乱させた。その後、「当時は、海兵隊が必ずしも抑止力として沖縄に存在しなければならないとは思っていなかった」と発言を変えた。しかし、学べば学ぶほど、沖縄の海兵隊の重要性がわかったとして、結局、県外移設は断念した。

鳩山さんは、「最低でも県外」と言う前に、オペレーションズ・リサーチの考え方で、どこに基地を置くのが日本の安全保障上、戦争確率を一番低くするかということを研究するべきだった。

そうすれば、沖縄県のどこかに基地を置くのが一番戦争確率を低くするという答えが出てきたはずだ。そうなれば、県外という答えは出てこなかったと思う。鳩山さんが研究者時代にやってきた科学的手法をとればよかったのに、それをやらなかった。

しかし、「最低でも県外」と言ってしまった以上、政治的には、うまく折り合いをつける方法を考えるしかない。実は、そのころに、私は、鳩山さんサイドから、「基地問題をどうしたらいいか」と聞かれたことがある。高校の後輩で同じ理系だから、声をかけやすかったのだと思う。

そのとき、「自分はやっぱり理系なんだな」と私は思った。「最低でも県外」は無理だと理解しているのに、与えられた条件の一つと割り切って、最適解を考えようとした。理系人間は、どんなときでも、与えられた条件の中で一番いい解を見つけようとしてしまう。「県外」という条件を満たしつつ、「戦争確率を減らす」方法を考えてみた。

私の答えは、簡単だった。フロート式の移動可能な滑走路を辺野古の沖につくることだ。「ひょっこりひょうたん島」のような「島」が辺野古の沖にできる。そこに滑走路がある。要するに、「軍艦島」「空母」のようなものである。

普段は沖に島を浮かべておくから、「県外」という条件を満たすことができる。訓練などで必要なときには、島を辺野古まで持ってきて係留させればいい。使い終わったら、係留を外して再び沖に持っていく。

こういう考えは、ある意味でごまかしのようなものかもしれないが、この方法しか「県外」という条件を満たしつつ、日本の安全保障上の要件を満たす方法はない。合理的に考えるとそういう答えになる。

面白いもので、私と同じように考えた人はいたようだ。どこかから、その案が鳩山首相のもとに上がったと聞いた。たぶん、理系的な発想をする側近がいて、そういう人たちが考えたのではないかと思う。

この案に問題があるとすれば、コストの面だ。辺野古を埋め立てて滑走路をつくるよりもかなり高額になる。だが、こうした案が検討される前に、鳩山さんは首相を辞めざるを得なくなった。

文系の人は、与えられた条件の下で考えることをあまりしないが、理系の人間は、与えられた条件の下で最適解を見つけようとする。制約条件の中で最適解を出すという思考訓練を積み重ねているので、どんな条件のときでも、何か答えを考え出そうとする。

もちろん、常に制約条件をつければいいというわけではない。大きな絵を描くときには、制約条件をつけずに白紙に描いたほうがいい。しかし、描いた後には、制約条件をつけて、「この場合はこう変わる」「こういうケースではこうなる」という発想をしないと、臨機応変に対応できなくなってしまう。

文系発想の人は、白紙に描くことは得意だと思うが、それにこだわってしまう。条件が変わっているのに、条件を考慮しないで、白紙に描いた絵しか見ない。

経済問題に関しても、文系の人は、「増税反対派」とか「金融緩和派」といった決めつけをするが、私にはそういう発想はない。私は、条件を見ながら、「こういう条件のときには、増税しないほうがいい」と言っているだけであって、条件が変われば当然、「増税したほうがいい」と言うこともありうる。

金融政策にしても、現在の経済指標を所与の条件として考えると、現時点なら「緩和を続けるべき」と言っているだけで、条件が変われば「緩和をやめるべき」と言うこともあるだろう。経済政策は時の経済状況に応じて変えるべきものだが、文系発想の人は、条件を無視して「こうすべきだ」と主張したり、「増税反対」「金融緩和」などと一方的に主張し続けることがある。それだと、臨機応変に対応できなくなる。

理想を描くことはすばらしいが、条件の変化に即して臨機応変に対応することも政治には必要である。そういう意味で、私は、政治家にも理系発想が大いに必要だと考えているのである。

オペレーションズ・リサーチは、条件下で最適解を出す

鳩山さんがやっていたオペレーションズ・リサーチというのは、まさに、条件の中で最適解を考えるというものである。野球というスポーツのルールが与えられており、その条件の中で、どういう作戦をとるのが一番得点確率が高まるかを計算するものだった。ルールが決まっているから最適解の計算ができるのであって、ルール抜きだと計算ができない。

そのように、鳩山さんは、条件付きの理系思考ができるはずの人であり、昔はできていた。それなのに、政治家になって以降は、科学的な考え方ができなくなってしまったようなのは、不思議で仕方がない。スタンフォード大学にいるころや、戻ってきて日本で学者をしているころはできたのに、いつのまにか「宇宙人」になってしまった（笑）。人間はこれほど変わってしまうものなのだろうか。

いいほうに変わる人もいれば、悪いほうに変わる人もいる。鳩山さんの場合は、昔

できていたことができなくなるといった、悪いマイナス方向に変わってしまったようだ。「政治を科学する」という姿勢を貫いていれば、辺野古問題であれほど混乱を生むことはなかったのではないかと思う。

昔は会合などで、「髙橋さんは、私のかわいい小石川の後輩です」と鳩山さんから紹介されることがよくあった。今となっては、恥ずかしいとしか言いようがない。

政治家にも理系的な発想が必要だが、鳩山さんと菅さんの例を出されて、「あの人たちは理系だったけど、どうなの?」と言われると、私も困ってしまう。菅さんはともかく、鳩山さんには面識があるから、多少は忖度も……。さすがの私も、AI的に「鳩山さんはバカ政治家だ」とは断言しにくい(笑)。

政治家は、案外ロジカルに動いている

以前は、政治関係の記事に、「怨念《おんねん》」という言葉がよく使われていた。だから、政治家は、好き嫌いの感情で動いているというイメージを持っている人も多いと思う。

しかし、私の理解では、政治家は案外合理的に動いている。「友情と打算」といわれるが、打算の部分がけっこう大きいからだ。顔も見たくないほど嫌いという場合は感情が打算を超えるが、そこまで嫌いでなければ、打算が上回ることが多い。昨日の敵は今日の友――というのが政界の「正解」なのだ。

政治の世界では、数の論理もかなり強く働く。どのグループに何人いるから取り込みたいとか、この何十人のグループを敵に回したくない、という力学が働く。自民党だと、総裁選に立候補するための二十人の推薦者すら集められそうにないから、あの人は気にしなくていい、といったこともある。かなり数が意識されている。

ミニマックス原理（マックスミニ原理ともいう）の思考をする人も多い。最大のロスを最小にするというような意味だ。人数の多いグループと組んでいて、そのグループに寝返られるとダメージが大きいので、ダメージを最小にするように、寝返りの口実になるようなものを与えない、といった具合だ。

また、総裁選などでは、勝つ確率を最大にするために、無意識のうちにゲームセオリーが使われている。

私が見る限り、数の論理、ミニマックス原理、ゲームセオリーなどにしたがって、わりとロジカルに動いているのが政治家である。感情的な好き嫌いの要素が絡んでくると複雑になるが、打算のウエイトはけっこう大きい。そういう意味では、政治(政局)は、ロジカルに推測していくと、ある程度のことが見えてくる。

政治家には、ロジカルな理系思考が案外、合うと思う。私も政治家になればよかったかも(笑)。政治家を相手にした商売のほうがいいので、政治家になるのはあり得ないが。

第7章

小さな格差は忘れて「専門バカ」を目指せ！

「格差社会」と騒ぐ人ほど、小さな差にこだわる

「親の経済状態によって、行ける大学が違う。教育格差だ」と騒いでいる人たちは、ほんのちょっとした差を取り上げて、「格差」と言っている。そもそも、大学間にそれほどの差があるわけではない。

東大に行こうが、三流大学といわれる大学に行こうが、ちょっとした差でしかない。その程度の差は、社会に出たらいくらでもひっくり返すことが可能だ。

実際には、社会に出る前の大学一年生後期の時点で、ひっくり返っていることが多い。私はいろいろなデータを取っているが、「大学入試の成績」と「大学一年のときの成績」は、まったく相関関係が見られない。いい成績で入試に受かっても、大学で遊んでしまったらすぐに追い抜かれる。

「大学一年生のときの成績」と「大学四年生のときの成績」の相関を取ってみると、こちらは相関が非常に強い。大学に入って勉強をする子は、一年生から四年生までずっ

と勉強をするので、四年間いい成績をとる。勉強する子は、どんな大学に入っても勉強するから伸びていくが、勉強しない子はいい大学に入っても、そこで終わりだ。大学名による差というのは、その程度のものだ。

大学で真面目に勉強するかどうかは、専門性を高める気があるかどうかということだ。大学の四年間だけで専門性が身につくほど甘くはないが、基礎をつくっておけば、「専門バカ」を目指せる。「ただのバカ」にならずにすむ。

社会人ならみんな気づいていると思うが、「東大のようにいい大学を出ているのに、大したことない」という人は社会や会社にたくさんいる。その反対に、いい大学を出ていなくても、一生懸命にやって専門性を高めている人は、どんどん仕事ができるようになっていき、「あの人は仕事ができる」という評価を受ける。

会社は、「仕事のできる人」を昇進させる。「いい大学を出ている人」を昇進させるわけではない。だから出身大学の格差というのは、人生においては、大した話ではない。

毎年、一月のセンター試験のときに受験生がインタビューを受けている。私はテレビを見ないのでよく知らないが、「これで人生が決まりますから」と答えている子がいると聞いた。

センター試験の結果で人生が決まるわけがない。そんなインタビューをテレビで流すほうがどうかしている。

小さな差を「格差だ」と言って大げさに騒ぐ人に騙されないほうがいい。その程度の差は人生の中でいくらでもひっくり返せるのだ。大学入学時点は、人生の中の「通過点」に過ぎない。いい大学に行っている人は、「通過点の段階では、まあまあよかったね」という程度でしかない。うぬぼれたら脱落するだけだろう。

学歴とか偏差値とか、バカな考えは捨てよ！

「東大がいい」と言われているのは、おそらく役所だけだ。その役所においても、東大出身者は仕事ができるというわけではなく、東大出身者が「最大（派閥・学閥）勢力」という意味でしかない。最大勢力が「俺たちの出身校が一番だ」と勝手に思っている。

それだけのことである。

財務省は東大法学部出身者が牛耳っている世界だったが、法政大学ではないが（？）私は「アホウ学部」とちゃかしていた（笑）。国の会計を預かっているのに、彼らには数的な発想がほとんどなかったからだ。彼らに会計を任せて大丈夫かな、と本当に心配だった。

大学の世界ランキングを見ても、東大は上位にはない。その観点からも、東大だろうと他の大学だろうと大差はない。その程度の小さな差にこだわるほうが、どうかしている。世界の人から見たら、どの大学でも「日本の大学」である。

「東大がいい」という、くだらない価値観にごまかされないほうがいい。ビジネスの世界では東大出身かどうかなど、まったく関係ない。むしろ、東大出のほうが失敗している人が多いように見える。

東大出身者は、プライドが高く、上から目線の人間が多い。ビジネス、とりわけ民間企業は、お客様に頭を下げる世界だから、変なプライドを持っている殿様気取りの人間では通用しない。東大出の学歴をひけらかすような人間は嫌われるだけだ。私が見る限り、ビジネスをするのに、東大を出る必要はまったくない。

それどころか、大学に行く必要があるのかとすら思う。才覚がある人は、大学になど行かずに自分で事業を興してしまったほうがよい。人生の貴重な四年間を大学でつぶすのはもったいない。ビジネスにおいては、学歴というものは無価値だと思う。

政治の世界は、「学歴」より「人望」

私は、政治の世界も見てきたので、政界においても学歴は関係ないということがよくわかった。

昔は、学歴にこだわっている政治家もいた。宮澤喜一元首相はその一人だった。宮澤家は東大一家である。男の子はほとんど東大に行っているし、女の子は、東大を出て大蔵省に入った人と結婚している人が多かった。私が勤めていたころの大蔵省には宮澤家の親戚の人たちがけっこういた。大蔵省内で宮澤さんの悪口を言おうものなら、すぐに本人に伝わってしまう（笑）。

宮澤一家の政治家として、参議院議員の宮澤洋一さんがいる。宮澤洋一さんは、東大を出て大蔵省に入っている。その後、衆議院議員、参議院議員となり、経産相や自民党税制調査会長などを歴任されている。

東大出ばかりの宮澤一家の中に、一人、東大出身でない人がいる。岸田文雄氏（前外相・自民党調査会長）だ。岸田さんは、宮澤洋一さんといとこ同士だが、岸田さんは早稲田出身だから、宮澤一家の中では肩身が狭いのではないかと思う。

しかし、岸田さんは人望の厚い人だ。腰が低く、とてもいい人である。有力な首相候補と目されている最大の理由は、人徳だと思う。

要するに、社会の中では、学歴は決定的な要因ではないということである。大学入学時点でのちょっとした差などは、人生の中では「誤差」みたいなものだ。「誤差」を騒ぎ立てても仕方がない。

本当にすごい人は「学歴」なんて要らない

将棋の世界では、藤井聡太さんが史上最年少で棋士になり、どんどん勝ち上がっていった。三十年近く破られなかった二十八連勝の記録を破り、二十九連勝。史上最年少記録を次々と塗り替えて、中学生で六段にまで昇段している。国民栄誉賞受賞の羽《は》生《ぶ》善治竜王を破ったり、師匠の杉本昌隆七段に勝ったりと、話題性もある。

こういう子は、現在の学校教育の範疇《はんちゅう》には収まらない。藤井聡太さんが、ものすごい才能の持ち主だということは誰もがわかっているのだから、彼を他の子と同じように扱うのは、おかしな話だ。

しかし、学校の現場からすると、藤井聡太さんは現在の教育制度にそぐわないとして〝問題〟になってしまう。日本は飛び級をほとんど認めていないので、こうした〝問題〟が起こる。中学生にして大人に勝っており、収入も得られるのだから、彼を無理やり学校教育に当てはめようとするほうが、よほど問題だと思う。

数学の世界には、長年解けないとされてきたａｂｃ問題というものがある。これを解いたのが、前述したように、京都大学教授で数学者の望月新一さんだ。

望月さんは日本では教育を受けないで、十六歳でアメリカのプリンストン大学に進学した。十九歳で卒業して、二十三歳で博士号をとっている。日本の教育制度の中ではありえないことだ。

ものすごくできる子には飛び級を認めないと、すごい子はみな外国に行ってしまうかもしれない。

「差別につながるから差をつけない」と言う人がいるが、差を認めることと差別をすることは違う。最近は、公立中でも英数に関しては、「能力別」を「習熟度別」という言葉に言い換えてクラス別授業をしているが、そんなごまかしをしているのはバカげた話だ。

今の学校教育は、どの分野でも差をつけないようにしようとするが、人間は差があって当たり前。何ができて、何ができないかは、運・不運みたいなものである。早い段階で差を認めた上で、自分の得意なことを伸ばしていけるようにしたほうがいいと思う。

前述した、フィールズ賞を受賞している数学者の小平邦彦さんには、駆けっこという苦手分野があった。でも、その苦手分野の劣等感をバネに、得意分野の数学で頑張ってフィールズ賞にまで至っている。

誰にでも、得手不得手があるのだから、それらを一々「平等に」などと言っていたら、わけのわからない話になる。「誰でも算数で百点が取れるように教育する」なんて日教組の先生方はよく言っていたが、よほどやさしい問題ばかり出せば、それも可能だろうが、何の意味があろうか。

大学名や偏差値の高低にこだわることも、まったく意味がない。藤井聡太さんは、大学に行く必要があるだろうか。高校すら行く必要があっただろうか。羽生善治さんは、大学には行っていない。行く必要などなかったからだ。

ともあれ、学校教育の場で、今後はコンピュータ・プログラミングの教育が必須化されるという。小学生からやるという。これは、とてもいいことだ。

学校の先生は研修などを受けて教えることになるのだろうが、子供たちのほうが理解が速いので、すぐに抜かれてしまう。

プログラミングの世界では、子供たちの能力差もはっきりと出てくる。できる子はものすごくできるから、学校の狭い世界に閉じ込めておくのは気の毒だ。できる子は、専門のところに行かせたほうがいい。専門のところで能力を伸ばしてあげれば、その子のためになる。

スポーツの分野でも、オリンピックに出るような子は、学校の外の専門的なところで能力を伸ばしている。徒競走で手をつないで一緒にゴールさせるような世界に閉じ込めておいては、せっかくの能力をつぶしてしまう。

コンピュータ・プログラミングでも、悪平等主義を捨てて、子供の能力をどんどん伸ばしてあげるべきだ。スポーツの分野で能力差を認めておきながら、勉強の分野でそれを認めないのは二重基準（二枚舌）だ。

「覚えさせる数学」が間違いの始まり

今後は、学校の数学教育のあり方も変えてもらいたい。

数学という学問には、実は、覚えることは一つもない。自分の頭の中で論理立てていくのが面白い学問だ。考えるために、記憶容量はなるべくフリーにしておく必要がある。公式や解法を覚えると、それだけでメモリーのキャパがいっぱいになってしまって、考えることができなくなる。

中学高校の数学教育というのは、本来の数学のあり方とは真逆《まぎやく》のことをしている。数学の先生は、公式や因数分解や方程式の解法などを覚えさせようとする。そんな教育をしているから、生徒は数学が面白くなってしまう。覚えさせたりせずに、自分で考えるようにさせたほうがいい。

数学の証明問題というのは、「場合分け」をして、ロジカルに考えて詰めていく。たぶん詰め将棋を考えるのと似ているのではないかと思う。

私の場合は、まわりに将棋や囲碁をやっている人がいなかったので、やる環境になかったが、数学科の人の中には、将棋や囲碁などをやっている人がけっこういた。将棋や囲碁と、数学的思考は似ているので、すぐに一定のレベルにまで行くようだ。ただ、数学科出身の人でプロの棋士になった人はほとんどいない。やはり、将棋や囲碁には、数学とは違う特別な才能が必要なのだろう。

数学の証明問題は、将棋や囲碁などのゲームに似ている。ゲーム感覚でやるものを暗記させてしまったら、面白くもなんともなくなる。

本書で、文系の人の批判をかなりしたが、学校が数学の面白さをきちんと伝え切れていない点に大きな原因があると思う。数学の勉強で、まずは公式などを覚えさせようとすると、数学が嫌いになってしまって、「数学がないから」という理由で私立文系に行ってしまう人が多い。理系的なロジカル思考を高めるには、学校教育から変えていく必要がある。

何でもロジカルにやる環境を整える

私は大学で、学生に対して、なるべくロジカルに考えることができるように環境を整えている。そのために、まず、単位取得までのプロセスをロジカルに組み立て明確にしている。

単位の基準は、まず出席点五〇％。そして、レポート点一〇％、最終試験で四〇％としている。

授業は全部で十五回あるが、最後の一回は試験である。就職活動で休まざるを得ない学生がいるから、二回分はそれに当てられるようにしている。

したがって、出席点は十二回を分母にして、十二回以上出た学生は一律百点。十三回、十四回の人も百点。十一回出た人は、十二分の十一で、九一点くらいになる。それに五〇%を掛けたものが出席点だ。授業に全部（ないし十二回以上）出ている学生は、五十点は取れる。レポートは年二回で、一回五点。二回とも出せば十点獲得する。これで六十点。出席とレポートで「可」が取れる。

最終試験は、「何々について論ぜよ」というものを出すことが多い。典型的な正答として、少なくとも、その中で使わなければいけないワードは決まっている。必要なワードがいくつ入っているか、それらがきちんと説明されているかで、かなり客観的に採点できる。必要なワードが全部入っていれば百点。必要なワードが半分しか入っていなければ五十点だ。そのテストの4割が加算されて、最終的な成績になる。

そうやって、メカニカルに点数をつけている。点数をエクセルに入れて、加重平均をして成績を出す。合格点以上の人には「優」「良」「可」の単位をあげる。

採点がシンプルなので「手をかけていない」といわれるが、けっこう手はかかっている。基準を明確にしているだけだ。落第にされた学生も文句の言いようがない。出席点何点、レポート何点、最終試験何点という結果をすべて教えてあげて、「この点数だから単位はあげられない」と説明する。

私は、みんなに公平にしようと思っているので、基準を明快にして、講義の冒頭であらかじめ説明している。

ロジカルには行かない理不尽なこともある

授業のシステムは極めてロジカルにやっているが、その一方で、世の中にはロジカルには行かないこと、理不尽なことがあることも学んで欲しいと思っている。

たとえば、「就活があるので、どうしても最終試験に出られない」と言われても考慮しない。最終試験の日にちは、半年くらい前に伝えているのだから、試験の日を考えて就活をすればいい。たまたま就活の日と重なってしまった場合には、「運が悪かったと思ってあきらめなさい」と言っている。情実・忖度の要素はいっさい入れない。「追試をお願いします」と言われても、追試はしない。極めてAI型教授といえよう（笑）。

人生の中では運の悪いことはいくらでも起こる。半年前からスケジュール調整をしても、どうしても調整しきれなかったのであれば、ついていなかったということだ。たまたま、試験の日に身内の不幸があって試験を受けられなくなるかもしれない。しかし、社会では考慮してもらえないこともある。資格試験を受ける人が「試験日に親の不幸があって受けられなかったので、別の日に私だけ試験させてください」と言っても、特別に試験をしてもらえることはない。

「人生は、計画通りには行かない」『人生は、思い通りにはならない』ということを学生に教えておくことも重要だと思っている。普段からそういうことを伝えているから、みんなきちんと準備をしているようだ。

最終試験は、試験範囲外の問題をときたま出すこともある。学生からは文句を言われるが、「人生はそんなもんだよ。範囲なんて決まっていないし、決めたって、その通りに行くわけじゃないから（笑）」と言っている。

ロジカルに考えることは重要だけれども、世の中がすべてロジカルに動くというわけではない。世の中にはいまだにわからないことも多いし、運・不運の要素もある。理不尽なこともある。そういうことも含めて人生である。

学生には、そこをきちんと知ってもらいたいと思っている。

私が数学科に通っているときに、「こういう人を天才というのかな」と思える人がいた。その人は、今でも第一線で数学者をやっている。私から見ると天才に思えるが、それでもノーベル賞やフィールズ賞はとっていない。

人生においては、運の要素は大きい。数学者の場合、運というのは、いい問題に巡りあえるかどうかだ。ノーベル賞やフィールズ賞をとる力のある人の中で、ほんの一握りの運のいい人だけが実際に賞をとるのだろう。

「プログラミング」だけでもやってみるといい

人生においては、何が起こるかはわからない。その中で生き抜くには、専門性を持って「専門バカ」になるくらいにとことん追求するものがあるといい。

また、どんなことが起こっても、制約条件の中で最適解を考える理系的な考え方を持っていると、臨機応変に対応しやすくなる。マイナスをプラスに変える努力をすることが肝要だ。

大人になってから、理系的な考え方を身につけるのは、簡単ではないかもしれない。でも、理系的なものの入り口として「プログラミング」くらいはやってみてはどうだろうか。

役所にいるときに、「システムを組む」と言うと、みんなが「よくわからない」と言っていたが、「システムを組む」というのは、難しいことをするわけではなく、プログラムを書くということだ。

プログラムができないという人に、「どうしてできないのか?」と聞くと、「やったことがない」と答える人が多い。やったことがないのなら、やってみればできる可能性がある。

「こういうことをやりたい」と思ったときに、コンピュータは人間の言葉は理解できないので、コンピュータの言葉に置き換えて、命令を与えてあげる必要がある。人間の言語をコンピュータの言語に翻訳する。それがプログラミングである。

日本語をコンピュータ言語に翻訳するだけだから、「語学習得」のようなものである。もちろん、数学的な知識はあったほうが役に立つが、数学的知識がなくても、語学だと思って覚えてしまえば、かなりのことはできる。

ホームページを表示するときに使われているＨＴＭＬというのも、一番簡単な言語の一種だ。

これからの時代は、理系知識があったほうがいろいろと役に立つことが多いと思うが、理系分野が苦手だと思う人でも、せめて「プログラミング」だけでもやってみるといい。

ＡＩ時代に入りつつある今、どの分野の「専門バカ」にも、プログラミングの知識は必ず役に立つはずだ。

高橋洋一（たかはし・よういち）

株式会社政策工房会長、嘉悦大学教授。1955年東京都生まれ。東京大学理学部数学科・経済学部経済学科卒業。博士（政策研究）。1980年大蔵省（現・財務省）入省。大蔵省理財局資金企画室長、プリンストン大学客員研究員、内閣府参事官（経済財政諮問会議特命室）、内閣参事官（首相官邸）などを歴任。小泉内閣・第一次安倍内閣ではブレーンとして活躍。2008年に『さらば財務省！』（講談社）で第17回山本七平賞を受賞。著書『これが日本経済の邪魔をする「七悪人」だ！』（SB新書）、『なぜこの国ではおかしな議論がまかり通るのか』（KADOKAWA）ほか多数。

「文系《ぶんけい》バカ」が、日本《にほん》をダメにする
なれど“数学《すうがく》バカ”が国難《こくなん》を救《すく》うか

2018年5月28日　初版発行

著　者　高橋 洋一

発行者　鈴木 隆一

発行所　ワック株式会社
東京都千代田区五番町4-5　五番町コスモビル　〒102-0076
電話　03-5226-7622
http://web-wac.co.jp/

印刷人　北島 義俊
印刷製本　大日本印刷株式会社

ISBN978-4-89831-774-7